PROJET

DE

FONTAINES PUBLIQUES

PAR

M. OULMIÈRE, *Conducteur au Service Hydraulique*,
avec la collaboration de M. DELMAS, *Architecte.*

MÉMOIRE.

2ᵉ ÉDITION.

CASTRES

ABEILHOU, impr., rue des Pradals, hôtel Jauzies.

1861

DESCRIPTION

DE

LA VILLE DE CASTRES

ET

Qualité de l'Eau servant à ses usages.

La ville de Castres est bâtie sur les deux versants d'une vallée dont la rivière d'Agoût occupe le thalweg. Les côteaux qui limitent les deux rives, peu distants en amont de ses murs, s'éloignent à son entrée et laissent voir une plaine spacieuse et féconde.

La partie principale de la cité est située sur la rive droite dont le terrain, d'une faible déclivité jusques au-delà des faubourgs, se relève brusquement ensuite et forme un côteau élevé d'environ quarante mètres au-dessus de la plaine. La partie restante de la cité, appelée Villegoudou, est placée sur la rive gauche dans la vallée de la Durenque, petite rivière qui vient confondre ses eaux avec celles de l'Agoût, un peu en aval du barrage des moulins de Castres.

L'ensemble de la ville renferme une population agglomérée de 14,000 habitants, 1,500 maisons environ et occupe une surface de 110 hectares.

Parmi les bâtiments qui la composent, on distingue un édifice de l'Etat, les casernes de la troupe ; trois édifices départementaux, le palais de justice, les prisons et la caserne de la gendarmerie, et six bâtiments communaux, la Mairie, deux hospices, le collége, l'école des Frères, l'abattoir et un établissement de bains. On distingue, en outre, six écoles privées, le séminaire et cinq pensionnats de demoiselles.

Castres, dont l'industrie est très-variée, compte encore douze hôtels principaux, dix huit cafés importants, trois établissements de bains, cinq fortes usines, un établissement de gaz et un grand nombre d'ateliers de tissage, de teinturerie, de lavage des laines, d'apprêts des draps, de tannerie, de mégisserie et de fonderie.

Par suite de la disposition des égouts, qui forment la canalisation souterraine de la ville et la pente naturelle du terrain, les eaux pluviales, qui lavent et entraînent les immondices des rues, les eaux ménagères et de vidanges et celles viciées par les nombreux établissements publics et particuliers, se rendent dans la rivière entre le boulevard Mire-Dame, situé près de l'ancienne clarification, et le barrage des moulins de Castres, par six bouches de sortie, par le ruisseau du Gazel, mis en galerie sur l'étendue de la ville, qui reçoit dans son trajet bon nombre d'aqueducs, et par une infinité de tuyaux de vidanges et d'égouts particuliers.

Toutes ses saletés s'écoulent dans la partie de la rivière qui traverse la ville, surchargent ses eaux dans une forte proportion de matières organiques en pleine décomposition et les infectent au point de rendre très-incommodes les odeurs qu'elles exhalent pendant la saison d'été. Cependant ce sont ces eaux si fortement viciées, presque corrompues et par conséquent très-malsaines, qui servent à l'alimentation de la ville. Ses habitants la prennent à dix puisoirs situés :

Le premier, en aval du barrage de Castres, entre les jardins de MM. Rouanet et Barbaza.

Le second, attenant le Pont-Neuf.

Le troisième, dans la rue de la Fagerie.

Le quatrième, immédiatement en amont du Pont-Vieux.

Le cinquième, au bas de la rue du Puisoir.

Le sixième, au boulevard Mire-Dame.

Le septième, en aval de l'angle de l'hôtel Sabatier.

Le huitième, au quai Tourcaudière.

Le neuvième, au Carras.

Et le dixième, à la Portanelle.

Indépendamment des eaux prises à ces divers points, la ville reçoit celles transportées par deux porteurs d'eau qui vont la prendre au Gravier, point situé en amont de Castres. Cette eau est beaucoup plus pure et plus propre que celle prise dans l'intérieur de la ville, puisque la rivière à ce point n'a pas encore reçu les matières dégoûtantes qui la salissent au-dessous. Mais les produits de ce service sont très-restreints. Ils se composent seulement de 7,200 litres par jour, transportés par deux chariots fesant six voyages dans la journée, portant 1,200 litres par voyage, soit un peu plus de demi-litre par habitant. Or la dépense en eau de rivière, bien que réduite à raison de la distance à parcourir pour aller la prendre au cours d'eau, est au moins de cinq litres par personne.

Ainsi les neuf dixièmes de l'eau employée aux usages domestiques par la population Castraise, proviennent de la partie infecte de la rivière sur laquelle les puisoirs sont établis.

Un état de choses aussi fâcheux a dû naturellement attirer l'attention des administrations locales qui se sont tour à tour succédées, et à diverses époques des projets de fontaines publiques ont été présentés et discutés; mais la question est demeurée en état de problème, sa complexité exigeant un profond examen et des études plus complètes et plus sérieuses.

Cette importante solution a ainsi subi un long ajournement, mais elle n'a jamais cessé de préoccuper la population Castraise. La ville a constamment senti l'impérieuse nécessité de se donner des eaux pures et d'assainir ses quartiers, à l'aide de ce puissant élément de salubrité.

Doter la ville de Castres de fontaines publiques, c'est donc satisfaire aux vœux constamment exprimés par ses habitants et procurer à toutes les classes un bien-être depuis longtemps réclamé et très impatiemment attendu.

Convaincu de trouver chez les hommes éminents, qui dirigent l'administration locale, tout le concours que réclame la réalisation d'une œuvre d'un si grand intérêt, nous avons rédigé un projet de distribution d'eau et nous venons le soumettre à leur appréciation après l'avoir longuement étudié.

EXAMEN DES ANCIENS PROJETS PROPOSÉS.

Divers projets ont été proposés depuis que la ville s'occupe de sa distribution d'eau. On a eu tout d'abord l'idée d'établir un Château-d'Eau sur la rive gauche de l'Agoût, au Tertre-Rouge, vers l'extrémité supérieure de la propriété de M. Combes Frédéric, à 400 mètres environ en amont de l'embouchure du canal de fuite du Château-d'Eau de Gourgeade, et d'alimenter la ville en élevant l'eau à l'aide de machines.

Ensuite on a proposé de prendre l'eau dans l'Agoût, en amont des Salvages, à l'extrémité supérieure de la prairie Cumenge, et de l'amener à Castres par dérivation.

Enfin, en dernier lieu, il a été question d'alimenter la ville avec les eaux de la petite rivière de Durenque, amenées également à Castres par dérivation.

Nous allons examiner tour à tour chacun de ces projets.

1º Prise d'eau du Tertre-Rouge sur la propriété de M. Combes.

Pour qu'il soit possible de distribuer l'eau dans la ville à tout étage, il faut qu'elle puisse couler à 13 mètres en contre-haut du seuil du portail de la cour de la Mairie, point que nous avons pris pour repère et auquel nous avons rattaché toutes nos opérations.

Or, sur le point où la prise d'eau serait établie, la surface des eaux ordinaires de la rivière se trouve à 6^m 21 en contre-bas du seuil dont il vient d'être parlé. Ainsi pour faire couler l'eau dans la ville à 13 mètres en contre-haut de ce seuil, il faudrait l'élever à 24^m 71, en comptant à 5^m 50 la dénivellation qu'amènerait le filtrage de l'eau et la perte de charge sur l'étendue du tuyau ascensionnel et du réseau de conduite dans la ville.

Pour monter vingt litres d'eau par seconde à cette hauteur il faudrait une force absolue de 15, 69e chevaux vapeur, car on ne peut pas espérer que l'effet utile de la machine hydraulique dépasse les soixante-dix centièmes et que celui des pompes s'élève au-dessus des soixante. La chûte utile qui peut être obtenue, entre le Tertre-Rouge et l'embouchure du canal de fuite du Château-d'Eau de Gourgeade, est de 70 centim. Pour produire la force brute de 15 ch. 69e il faudrait un débit de 1,681 litres par seconde. Sur le point où la prise d'eau serait établie on ne peut compter à l'extrême étiage que sur un débit de 2,000 litres, car sur 4,000 litres que traîne la rivière pendant cette saison, M. de Boissezon en emploi à peu près la moitié pour le jeu de ses machines. Avec cette quantité d'eau on pourrait sans difficulté élever les 20 litres d'eau par seconde à la hauteur ci dessus indiquée. Mais, comme on le voit, il ne serait pas possible de porter au double cette production sans s'aider d'une machine à vapeur, ce qui grossirait beaucoup les frais d'exploitation.

Quant aux frais d'établissement, ils seraient très-considérables eu égard à la petite quantité d'eau qui serait livrée à la ville.

L'emploi de machines mues par l'eau de la rivière implique la construction d'un bassin de réserve pour alimenter la cité pendant les jours de haute crue, durant lesquels le jeu des appareils doit forcément demeurer suspendu. Ce bassin devant être placé à l'altitude à laquelle l'eau doit être élevée, il faudrait, dans le cas actuel, l'établir sur le plateau de Lardaillé, qui est le point le plus rapproché des machines et dont l'élévation se trouve à une altitude suffisante. Ce bassin dispense, il est vrai, de la construction d'un Château-d'Eau, car l'eau peut être amenée dans ce réservoir par un tuyau rampant, mais en revanche il allonge le trajet de la conduite d'amenée, et en somme les frais de construction s'élèveraient, savoir :

Travaux hydrauliques et machines ci.   85,000 fr. 00 c.

Filtre estimé en détail, ci.   22,237   00

Conduite d'amenée entre les machines et le filtre, ayant 30 centim. de diamètre intérieur, 800 mètres à 38 fr. 32 l'un, tranchée et pose comprise, ci.   30,656   00

Bassin de réserve, estimé ci. . . .   69,668   80

Canalisation dans la ville aboutissant au bassin de réserve, bornes-fontaines et robinets, estimation faite en détail, ci.   198,759   70

Travaux imprévus, ci.   13,678   50

Honoraires des ingénieurs, ci. . . .   21,000   00

Total, ci. . . . . 441,000 fr. 00 c.

On voit donc qu'en prenant l'eau au Tertre-Rouge près l'extrémité supérieure de la propriété de M. Combes, il faudrait dépenser en travaux, pour doter la ville d'un débit de vingt litres par seconde, 441,000 fr. (*)

2° *Dérivation partant de l'extrémité supérieure de la prairie Cumenge.*

Comme l'établit le profil en long de la rivière d'Agoût, que nous avons dressé, la surface des eaux ordinaires de cette rivière, au droit de l'extrémité supérieure de la prairie de M. Cumenge, se trouve à 6ᵐ 90 en contre-haut

(*) Au point de vue de la dépense, les divers projets seront comparés entr'eux, abstraction faite des indemnités de terrain.

du seuil du portail de la Mairie. Pour ne pas amener des inconvénients, on peut tout au plus relever ces eaux de 2 mètres à l'aide d'un barrage, ce qui porterait la hauteur totale, au-dessus de ce seuil, à 8m 90.

Or, la distance entre la sortie de la ville et le barrage dont il vient d'être parlé serait de 6,000 mètres environ, et en admettant, pour l'aqueduc de dérivation, la pente ordinaire de 40 centim. par kilomètre, et pour le filtrage et le mouvement de l'eau dans le réseau de conduites à établir dans la ville, une perte de charge de 4 mètres, on n'aurait plus au-dessus du repère précité qu'une hauteur de 2m 50; de sorte que d'après le profil en long levé sur l'étendue de l'allée des Lices réunissant les points les plus élevés de la ville, on n'aurait au-dessus du terrain qu'une altitude de 2m 17 à la Porte-Neuve, de 1m 61 à la Porte-Montfort, de 62 centim. à la Porte-Tolosane; et ce niveau correspondrait au Portail-Neuf à 87 centim. en contre-bas du sol, et à 2m 91 au-dessous du point culminant du bosquet de l'Albinque.

Il est donc rigoureusement impossible de desservir la ville avec une dérivation prenant son origine à l'extrémité supérieure de la prairie de M. Camenge, et on peut abandonner cette idée sans regret.

3° *Dérivation de la Durenque.*

La totalité de l'eau de la rivière étant détournée de son cours ordinaire lors des arrosages, on ne pourrait établir la prise d'eau pour l'alimentation de la ville qu'en aval des prairies, pour ne pas s'exposer à des interruptions dans le service. Mais à ce point l'eau pourrait être élevée, au moyen d'un barrage, jusques au niveau de l'embouchure du canal de fuite du moulin de Gaïs. C'est là le point le plus élevé qu'on pourrait adopter pour ne pas changer en amont le mode employé dans l'usage de l'eau. D'après le profil en long de la rivière, qui a été

dressé pour les études générales du projet, la surface des
eaux ordinaires à l'embouchure du canal de fuite du
moulin de Gaïs, se trouve à 17^m 93 en contre haut du
seuil du portail de la cour de la Mairie, pris pour repère.
La distance comprise entre cette embouchure et le plateau de Lardaillé, point où devrait être établi le réservoir de distribution, est de 5,600 mètres environ. Ainsi,
en donnant au canal, jusques au plateau de Lardaillé,
une pente de 40 centim. par kilomètre et en comptant à
4 mètres le filtrage de l'eau et la perte de charge en aval
du réservoir de distribution, on voit que l'eau ne pourrait
couler dans la ville qu'à 11^m 69 en contre-haut du seuil
du portail de la cour de la Mairie. Bien que cette altitude
soit un peu faible, le projet serait exécutable si plusieurs
autres inconvénients ne venaient s'opposer à sa réalisation.

D'abord son adoption rencontre un obstacle non insur-
montable, mais qui ne pourrait manquer de compliquer
beaucoup les difficultés ; c'est le volume d'eau qui serait
dérivé, qu'on doit évaluer à 40 litres au moins par seconde, en vue des besoins futurs.

D'après les jaugeages, plusieurs fois répétés, la petite
rivière de Durenque ne débite à l'extrême étiage que
380 litres par seconde.

Ce volume forme tout au plus le tiers de celui nécessaire pour la marche des usines établies sur ce cours
d'eau dans la ville de Castres, bien que ces établissements
n'emploient que des machines hydrauliques des mieux
confectionnées. On ne pourrait donc prendre les 40 litres
d'eau sans autoriser les usiniers à se plaindre, car ils ont
fait tout ce qui était à leur pouvoir pour diminuer la dépense de l'eau à leurs usines, et ils n'auraient aucun
moyen de compenser par de nouvelles dispositions hydrauliques la force motrice qui leur serait retranchée.
Toutefois, la ville pourrait prétendre à une partie des
eaux de la rivière, car elle est riveraine, et la loi lui ac-
corde son droit d'usage. Mais alors même que la part qui
lui serait faite suffirait à ses besoins, la ville ne pourrait
se contenter d'une telle alimentation : l'eau de la Durenque est très-inférieure en qualité à celle de l'Agoût, et
lorsque le débit est descendu à 400 litres par seconde

comme cela arrive généralement en été, elle est excessivement mauvaise, surtout lorsqu'elle a parcouru les nombreuses prairies qu'elle arrose.

Le projet rencontre encore un autre puissant adversaire. C'est la forte dépense qu'il faudrait faire relativement à la petite masse qui serait dérivée. Cette dépense s'élèverait à 600,000 fr. environ.

Un tel projet, à notre avis, n'est pas acceptable.

NOUVEAUX PROJETS ÉTUDIÉS.

Services par Machines.

Désireux de présenter à la ville un projet n'exigeant qu'une faible dépense, nous avons d'abord étudié une distribution par machines, en prenant l'eau de l'Agoût à la Croix de Fournés, point situé immédiatement en amont de la cité, et où il est possible d'obtenir, à l'aide d'un barrage, une chute de 60 centim. environ, pour le jeu des appareils élévatoires. Bien que ce procédé n'offre pas les garanties d'une dérivation, il est cependant employé dans plusieurs villes de France et du Royaume-Uni. Il ne suffit pas, en effet, pour bien desservir les centres populeux, de faire couler l'eau à quelques pieds du sol à des fontaines établies dans les divers quartiers. Pour qu'une distribution soit un bienfait, il faut qu'elle s'étende à tout étage, afin qu'elle apporte le bien-être et la salubrité dans toute habitation. Les familles les moins aisées ne négligent aucune des conditions d'hygiène lorsqu'elles ont l'eau sous la main et en quantité suffisante. Tandis qu'il en est autrement s'il faut qu'elles aillent la prendre à des distances plus ou moins longues et l'élever à des étages supérieurs. Alors l'économie de cet élément devient un besoin qui ne peut manquer d'amener un défaut de propreté dans les ménages.

Or, avec le système par dérivation on ne peut desservir tous les étages sans aller prendre l'eau à de fortes distances, sauf que la ville se trouve dans des conditions privilégiées, qu'elle soit placée près d'une montagne ou au bas de côteaux pourvus de sources suffisamment élevées pour faire jaillir l'eau à une altitude atteignant celle des plus hauts étages, et c'est pourquoi le service par machines est souvent employé.

Ce système n'offre pas, il est vrai, les avantages d'une dérivation ; mais il ne présente pas non plus tous les inconvénients qu'on lui suppose : les villes qui se sont trouvées dans la nécessité de l'adopter ont peu à souffrir du dérangement des machines. On a prévenu les interruptions dans le service en employant un double appareil, ce qui permet d'en avoir toujours un en réserve et de le faire fonctionner lorsque l'autre a besoin d'être réparé.

D'un autre côté, d'heureuses innovations sont venues perfectionner le mécanisme des pompes généralement employées dans les distributions d'eau. En donnant aux pistons de longues courses, on a ralenti les mouvements de va-et-vient et prévenu les promptes ruptures ; et par la combinaison de la pompe aspirante et foulante, exerçant le double effet dans les deux périodes de la course, et par une nouvelle disposition des soupapes, on est arrivé à obtenir un effet utile égal aux deux tiers de la force employée.

Les pompes établies à Thames-Ditton, sur la Tamise, en ce moment en activité, sont au nombre de quatre, à gros calibre et du nouveau système. Elles ont 60 centim. de diamètre et 2^m 10 de course. Leurs soupapes sont à boulet, s'ouvrent et se ferment parallèlement à l'axe. Elles frappent, suivant les besoins du service et sous la volonté du mécanicien, de huit à quatorze coups de piston dans la minute et envoient dans les réservoirs situés à 36 mètres au-dessus des eaux du fleuve, l'énorme volume de 48,000 mètres cubes d'eau dans les 24 heures, soit 555 litres par seconde et 139 litres par pompe.

A Paris la pompe Chaillot établie sur la Seine est du même système que celles affectées au service de Londres, et élève, dit on, près de 400 litres d'eau par seconde à une hauteur de 34 mètres.

D'après ces résultats, une distribution d'eau par machines nous ayant paru susceptible d'être adoptée par la ville de Castres, nous avons fait l'étude complète d'un projet d'après ce système, qui a établi que la ville aurait à faire une dépense de 300,000 fr. pour se donner 20 litres d'eau par seconde. Cette quantité d'eau a été, avec raison, trouvée insuffisante et l'administration locale s'est définitivement arrêtée à un projet par dérivation. (*)

Projets par dérivation étudiés sur les deux rives de l'Agoût.

Après avoir exploré le cours de la rivière d'Agoût entre Castres et Roquecourbe, nous sommes demeuré con-

(*) Dans les projets qui ont été dressés pour l'arrosement et l'alimentation de Paris, on a estimé à 57,142 litres par jour et par hectare la quantité d'eau nécessaire à l'ensemble de tous les services. Les 20 litres par seconde que la ville de Castres aurait reçus avec le projet par machines, n'auraient représenté que 15,709 litres par hectare et par 24 heures, c'est-à-dire un peu plus que le quart du volume jugé nécessaire par les ingénieurs de la capitale pour assurer la salubrité des centres populeux; et, à raison des perturbations que les éclusées faites par les usines supérieures en temps d'étiage amènent dans le régime des eaux de l'Agoût, la production de 20 litres par seconde n'aurait pu être portée à un chiffre plus fort qu'à l'aide de machines à vapeur; ce qui, joint à l'augmentation qu'il aurait fallu donner aux diamètres des conduites et à la superficie du filtre, aurait élevé les dépenses de premier établissement à 475,000 fr. à peu près, et considérablement grossi les frais d'exploitation. D'un autre côté, l'eau, à la Croix de Fournés, se trouve salie par les détritus jetés dans la rivière par les usines de Burlats et des Salvages, et, avec les fortes chaleurs, sa température dans la ville aurait été très-élevée, car elle n'aurait pu se rafraîchir dans le faible trajet qu'elle aurait souterrainement parcouru. Le rejet du projet par machines se trouve donc pleinement justifié.

vaincu qu'il était préférable d'établir la dérivation sur la rive gauche que sur la rive droite. La rive gauche, en effet, réunit plusieurs avantages d'une haute importance, qu'on ne rencontre pas sur la rive opposée.

D'abord sur la rive gauche la partie rocheuse, qui commence un peu en aval de Burlats, se termine à la métairie de la Barque, située au droit de l'usine de M. Cumenge, et sa longueur ne dépasse pas 3 kilomètres; à partir de ce point jusques à Castres, la rive présente peu de déclivité et le sol ne se compose guère que de terres argileuses mélangées de gravier. Sur la rive droite, au contraire, le terrain est continuellement escarpé et le rocher est apparent sur presque toute la longueur. En partant de Burlats on trouve constamment le schiste jusques au Ruisseau-Rouge, et de ce point jusques aux portes de Castres, on rencontre des bancs calcaires sur la presque totalité de l'étendue.

Ensuite la rivière à partir des Salvages jusques à Castres présente une courbe fortement convexe vers la rive droite, et en suivant la rive gauche on évite cette courbe, tandis qu'il faudrait forcément en suivre le développement en passant sur la rive droite, ce qui augmenterait la longueur de la dérivation de deux kilomètres à peu près.

D'un autre côté sur la rive gauche on pourra profiter de la dérivation si on le désire, pour arroser et enrichir 300 hectares de terrain, alors que sur la rive droite on n'en trouve que très-peu qui soit susceptible d'être irrigué.

Une autre considération non moins puissante est venue encore plaider en faveur de la rive gauche; c'est le grand avantage qu'offre cette rive à la ville de Castres de se donner de l'eau entièrement pure en lui permettant de la prendre au ruisseau de Lignon, pendant les troubles de la rivière. Le ruisseau de Lignon, dont le débit s'élève à près de 300 litres par seconde pendant neuf mois de l'année, ne peut donner que des eaux d'une excellente qualité. Ce cours d'eau est un torrent des plus rapides qui prend sa source aux Sept-Faux sur la limite des communes du Bès et de Burlats et qui roule constamment sur des bancs granitiques et schisteux. Sa longueur est de 9,000 mètres. Il suit sans interruption la limite des communes de la Crouzette et de Burlats et vient se jeter dans l'Agoût à 317 mètres en amont du barrage de l'usine Gary. Ce ruisseau se précipite du haut de plusieurs chutes dont une présente une élévation de plus de 50 mètres, et amène des eaux à peu près pareilles à celles jaillissant des sources les plus pures. Lors des fortes pluies ces eaux se troublent, il est vrai; mais elles reprennent leur limpidité peu d'instants après les averses. La vitesse torrentielle avec laquelle marchent ces eaux épuise promptement celles qui sont salies par le ravinement des pluies, et on comprend que les troubles ne peuvent être que de très-courte durée. Dans de telles conditions, il n'y avait pas à hésiter à faire choix de la rive gauche, et nous avons étudié un projet complet sur cette rive qui a été adopté par l'administration communale et dont nous donnerons plus loin le détail. Mais comme corollaire et afin de sonder la question dans tous ses replis, nous avons étudié deux avant-projets sur la rive droite, un prenant son origine à la partie saillante du tournant que forme la rivière d'Agoût à 2,000 mètres environ en aval de Roquecourbe, passant en tunnel le côteau enlacé par le repli de la rivière et aboutissant au plateau de Saint-Jean, et l'autre partant de la rivière à 800 mètres en aval du pont de Burlats, suivant les développements de la rive et arrivant dans le flanc du côteau que couronne le plateau précité.

Nous allons examiner chacun de ces avant projets.

Avant-projet de dérivation prenant son origine sur l'Agoût, à 2,000 mètres environ en aval de Roquecourbe.

La rivière d'Agoût, en aval de Roquecourbe, dessine un lacet très-aigu, dont la partie la plus saillante ne se trouve plus qu'à 5,500 mètres du plateau de Saint-Jean, lieu choisi pour l'établissement du réservoir de distribution, bien que le développement que prend cette rivière pour arriver dans la ville de Castres soit de 18 kilomètres environ. Cette disposition du cours d'eau a naturellement attiré notre attention, et nous avons procédé à des études pour connaître le parti qu'il était permis d'en tirer dans l'intérêt de la distribution d'eau de la ville de Castres.

Ces études ont démontré que la galerie souterraine ou tunnel à percer, pour venir rejoindre en ligne droite la vallée du Ruisseau-Rouge, aurait une longueur de 2,440 mètres et que le développement de l'aqueduc à établir à la suite pour arriver au plateau de Saint-Jean serait de 3,300 mètres.

D'un autre côté, il résulte des nivellements effectués que les eaux, au point où elles auraient été dérivées, émergent à la côte 33^m 65 en contre-haut du seuil du portail de la Mairie. Retranchant de cette hauteur 2^m 30 pour la pente du canal, 4 mètres pour le filtrage de l'eau et la perte de charge dans le réseau de conduites, on trouve que les eaux auraient pu jaillir dans l'intérieur de la ville à 27^m 35 en contre-haut du repère précité.

D'après les apparences du terrain et les sondages que nous avons fait exécuter, il y avait tout lieu de penser que les couches à traverser dans le percement se trouveraient composées de roches schisteuses de fortes cohésions. Cette nature de terrain, loin d'augmenter les difficultés, ne pouvait qu'assurer le succès des travaux et les rendre moins coûteux, car elle dispensait des étançonnements considérables qu'on est obligé d'exécuter en pareil cas lorsqu'on rencontre un terrain veiné et coulant, et du revêtement en maçonnerie de l'intérieur du tunnel; et en admettant que les roches traversées par la galerie seraient d'une entière solidité, nous avons estimé ainsi qu'il suit le montant de la dépense à faire pour la réalisation du projet.

2,240 mètres linéaires de galerie souterraine, à 90 fr. le mètre, y compris
les puits et les ouvrages à faire sur les
deux têtes, ci. . . . . 219,600 fr. 00 c.

A reporter. . . . . . . 219,600 fr. 00 c.

Report. . . . . 219,600 fr. 00 c.

3,300 mètres d'aqueduc voûté, à
28 fr. l'un, terrassements et ouvrages
d'art compris, ci. 92,400   00
    Filtre, ci. 44,475   90
    Bassin de réserve et maison du garde,
ci. 85,070   16
    La haute altitude à laquelle l'eau se-
rait arrivée sur le plateau de Saint-Jean
permettant de perdre une forte charge
pour obtenir la vitesse d'écoulement
dans le réseau de conduites et aux bouches de sortie, nous avons trouvé que
la dépense à faire dans la ville serait
réduite à. 183,358   40
    Honoraires des ingénieurs, 1/20, ci.   31,245   22
    Travaux imprévus, ci.   13,850   32

TOTAL de la dépense, ci. . . . 670,000 fr. 00 c.

Ces chiffres nous ont démontré que le projet n'aurait
pas exigé une dépense guère plus forte que celui de la
rive gauche, tout en dotant la ville d'une distribution à
haute altitude, et nous l'aurions peut-être proposé si
nous avions été assurés de l'entière solidité du terrain
dans l'ouverture du tunnel. Mais nous avons craint,
comme c'est plusieurs fois arrivé dans l'exécution des
ouvrages de cette espèce, et notamment dans le percement de la galerie de terre noire sur le chemin de fer de
Saint-Etienne à Lyon, de rencontrer des schistes sujets
à s'exfolier à l'air ou en décomposition, des terres hu-
mides et glissantes poussant au vide, inconvénients qui
auraient pu tripler les dépenses; et en présence de ces
éventualités, nous avons dû renoncer à ce projet.

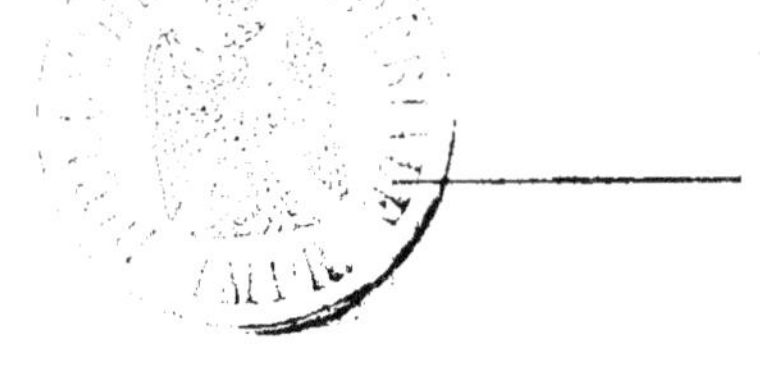

*Dérivation prenant son origine sur l'Agoút, à 800 mè-
tres en aval du pont de Burlats en suivant la rive
droite.*

La tête de la dérivation a été projetée au droit de l'embouchure du second ruisseau en dessous de Burlats, ap-
pelé ruisseau des Pommes, point désigné par M. le Maire,
et un barrage a été prévu sur ce point pour relever d'un
mètre le niveau des eaux de la rivière. La dérivation a
été ensuite soigneusement tracée dans le flanc du côteau
qui forme la rive droite du cours d'eau. Sa pente a été
réglée à 40 centim. par kilomètre, et pour éviter de trop
longs développements, les ruisseaux à traverser ont été
passés en ponts-aqueducs. Dans le tracé, des profils en
travers ont été pris aux deux extrémités de chaque sta-
tion du nivellement en long, et le trajet de la dérivation
a été exactement rapporté sur le plan des lieux.

Les nivellements effectués et deux fois répétés, ont
établi qu'après la construction du barrage projeté la surface des eaux de la rivière, à la tête de la dérivation, se
trouverait à 15^m 37 en contre-haut du seuil du portail de
la Mairie de Castres. La longueur développée de la dérivation a été trouvée de 8,050 mètres et, par suite, sa
pente totale a été limitée à 3^m 22. Un filtre a été prévu à
l'extrémité aval de cette dérivation, et il a été admis que
la perte de charge amenée par le filtrage de l'eau, souvent trouble, qui serait dérivée s'élèverait à 2 mètres.
Enfin le diamètre des conduites à établir dans la ville a
été calculé d'après une perte de charge de 2 mètres, de
sorte qu'il reste pour la hauteur nette au-dessus du seuil
du portail de la cour de la Mairie, 8^m 15. Dans le projet
il a été donné à la section de l'aqueduc de dérivation
75 centim. de largeur au radier, 85 centim. aux naissances de la voûte et 1^m 075 de hauteur sous clef, afin
qu'un ouvrier pût facilement circuler dans cet aqueduc
et qu'avec la pente uniforme de 40 centim. par kilomètre

et une lame d'eau de 1 mètre, il fût susceptible de débiter 400 litres par seconde.

Les ponts et aqueducs projetés sur les ravins ou ruisseaux franchis par la dérivation sont au nombre de six. Trois d'entr'eux sont de moyenne importance, mais les autres constituent des ouvrages d'art considérables; ce sont ceux prévus pour le passage du ravin de Crabié, du Ruisseau-Rouge et du ruisseau de Rose.

Le pont projeté sur le ravin de Crabié a 46 mètres de longueur, 14 mètres de hauteur au-dessus du thalweg du ravin, et se compose de trois arches en plein-cintre, dont une de dix mètres d'ouverture et les deux autres de six mètres.

La longueur du pont-aqueduc prévu sur le Ruisseau-Rouge est de 118^m 40 et sa hauteur au-dessus du thalweg de 14^m 16. Il est formé de dix arches en plein-cintre, dont sept ayant chacune une ouverture de dix mètres et les trois autres de quatre mètres.

Enfin le pont à établir sur le ruisseau de Rose a une longueur de 107 mètres, une hauteur de 18^m 02 au-dessus du point le plus bas de la vallée, et est composé de quatre arches en plein-cintre ayant toutes dix mètres d'ouverture chacune.

Les travaux, à partir de l'extrémité aval de l'aqueduc de dérivation, sont ensuite conformes à ceux prévus dans le projet étudié sur la rive gauche.

Voici les évaluations que nous avons déduites du projet ainsi arrêté :

Prise d'eau et maison du garde, ci. .	8,599 fr.	16 c.
Déblais de terre, 24,150 mètres cubes, à 0 fr. 30 c., ci.	7,245	00
Déblais de roc, 24,150 mètres cubes, à 1 fr. 50 c., ci.	36,225	00
Maçonnerie de moellon pour ponts et aqueducs, 3,568^m 20 cubes, à 9 fr. 18 c. l'un, ci.	32,756	07
Maçonnerie de pierre de taille de granit, 220^m 90, à 54 fr. l'un, ci.	11,928	60
À reporter.	96,753 fr.	83 c.

Report. . . . . 96,753 fr. 83 c.

8,050 mètres linéaires d'aqueduc de
dérivation, à 16 fr. 22 c. l'un, eu égard
aux murs de pierre sèche qu'il aurait
fallu établir sur les parties escarpées, ci. 130,571   00

32 regards, à 256 fr. 90 c. l'un, ci.   8,220   80

Filtre, bassin de réserve, maison du
garde attenant cet ouvrage, réseau de
conduites, regards dans la ville, bornes-fontaines et robinets d'arrosage des
rues, comme au projet sur la rive gau-
che (*), ci. 363,221   38

Honoraires des Ingénieurs, 1/20, ci.   29,938   35

Travaux imprévus, ci. 21,294   64

Total de la dépense à faire, ci. 650,000 fr. 00 c.

Cette dépense est presque aussi forte que celle que né-
cessite le projet sur la rive gauche, qui offre à la ville
l'avantage de prendre son eau au torrent de Lignon, ou
sur un point de l'Agoût où elle se trouve entièrement
propre, et de la faire jaillir dans la cité à une hauteur de
13 mètres au-dessus du seuil du portail de la cour de la

(*) En comparant le projet de la rive droite avec celui de
la rive gauche, on trouve que le point où auraient été établis
le filtre et le bassin de réserve, sur le plateau de Saint-Jean,
est plus rapproché de 300 mètres du centre de la ville que
celui sur lequel ces mêmes ouvrages doivent être construits
d'après le projet de la rive gauche. Cette différence aurait
amené, il est vrai, une économie de 23,000 fr. environ dans
les frais d'établissement de la double conduite. Mais, en revanche, les excavations à pratiquer dans le sol pour la construction du filtre et du bassin de réserve auraient coûté beaucoup plus que sur le plateau de Lardaillé, les bancs de roches se trouvant plus près de la surface. De plus, la commune aurait eu à payer de plus fortes indemnités de terrain,
car la conduite des eaux, depuis son origine jusques à son
entrée dans la ville, se serait trouvée dans des propriétés particulières, tandis que sur la rive gauche, depuis le Lignon
jusques au pont de Burlats, elle suit la route n° 25, et la
route n° 2 depuis le filtre jusques à son arrivée dans la cité ;
et, en somme, l'économie dont il vient d'être parlé aurait été
tout-à-fait illusoire.

Mairie; tandis que le projet dont la description vient d'être donnée ne permet de dériver que des eaux souvent troubles et toujours salies par les détritus que l'usine de Burlats jette dans la rivière, et qui n'auraient pu s'élever dans la ville qu'à une hauteur de 8^m 15 au-dessus du repère précité. Ces considérations ont été appréciées par l'administration de la ville, et elle a maintenu le choix qu'elle avait déjà fait du projet étudié sur la rive gauche, dont nous allons donner la description.

DÉRIVATION SUR LA RIVE GAUCHE.

Projet définitif. Analyse.

La ville sera desservie avec des eaux prises à volonté dans la rivière d'Agoût et dans le ruisseau de Lignon. A cet effet, deux prises d'eau seront établies, une sur cet affluent et l'autre à 388 mètres en amont de son embouchure sur l'Agoût. Cette dernière prise d'eau sera accompagnée d'un aqueduc voûté venant aboutir à un récipient projeté sur la rive gauche du Lignon, à l'entrée duquel sera placée une vanne munie d'une fermeture à coulisse pour limiter le débit et intercepter l'entier écoulement, lorsqu'on ne voudra pas se servir des eaux de l'Agoût. Une vanne de décharge sera établie immédiatement en amont dans le pied-droit de droite de l'aqueduc de dérivation, pour rendre à la rivière le superflu des eaux débité par cet ouvrage. Les eaux du Lignon seront introduites dans le récipient par une vanne séparée, munie aussi d'une fermeture à coulisse également destinée à régler l'écoulement et à l'interrompre à volonté. Ces dispositions permettront de ne laisser écouler dans le récipient que des eaux presque toujours claires; car si le ruisseau de Lignon devient insuffisant pour l'alimentation, ce ne sera qu'à la suite d'une longue sècheresse, et alors les eaux de l'Agoût seront entièrement limpides; et lorsque à la suite des pluies tombées, ces eaux seront troubles, le Lignon, dont les eaux sont presque toujours claires, sera rentré dans son débit normal et sera alors assez fort pour fournir la masse dépensée par la dérivation.

L'eau introduite dans le récipient sera reçue par un aqueduc en maçonnerie et amenée sur la partie supérieure du plateau de Lardaillé, situé aux portes de Castres, où elle sera soumise au filtrage.

L'aqueduc de dérivation aura 8,000 mètres de longueur entre le ruisseau de Lignon et le point où le filtre sera établi. Il présentera une pente uniforme de 40 centim. par kilomètre et aura le sommet de sa voûte placé à 1 mètre en contre-bas du sol. Le filtre sera susceptible de produire au moins 50 litres d'eau par seconde. A côté de cet ouvrage nous avons prévu un bassin de réserve destiné à prévenir l'interruption des services de la ville si, par suite d'une réparation à exécuter en amont, l'écoulement vient à être momentanément arrêté. Ces deux ouvrages seront voûtés et souterrains, afin que les eaux conservent toute leur fraîcheur. L'eau, en sortant du filtre, se rendra dans le bassin de réserve, et de là elle sera transmise à deux artères principales en tuyaux de fonte de fer, et distribuée sur tous les points de la cité par un réseau de conduites en tuyaux de même métal. Déduction faite de la perte de charge admise dans la détermination du diamètre des tuyaux, l'eau pourra s'élever en moyenne, dans l'intérieur de la ville, à 13 mètres au-dessus du seuil du portail de la cour de la Mairie. Cette hauteur est suffisante pour que la distribution puisse s'étendre à tout étage.

Les fontaines monumentales prévues dans le projet sont au nombre de trois : Elles seront établies une sur la place du Mail, une autre sur la place Impériale et la troisième sur la place de l'Albinque.

Le nombre des bornes-fontaines projetées s'élève à trente-cinq. Elles ont été réparties entre tous les quartiers de la ville, et leur distance ne dépasse pas 240 mètres en moyenne.

Indépendamment de ces bouches de sortie, soixante robinets de lavage des rues et d'incendie placés dans une borne en fonte seront encore distribués dans la cité; enfin chaque 20 mètres de longueur, il sera posé sur le réseau de conduites dans l'intérieur de la ville un robinet à quatre bouches pour le service des concessions particulières.

Tel est le projet qui a été définitivement arrêté et que nous allons développer.

Qualité de l'eau à distribuer.

L'eau, pour être entièrement salubre, ne doit contenir ni des sulfates de chaux, ni des matières organiques en décomposition. Elle doit être douce, limpide, pure et à la température de dix à douze degrés centigrades. Une eau dure est mauvaise, nuisible et d'une saveur désagréable. La dureté des eaux réside dans la proportion des sels calcaires ou des bicarbonates qu'elle contient, et elle est d'autant plus pure qu'elle s'approche le plus de l'eau de pluie. Aussi les eaux de drainage sontelles employées de préférence en Angleterre, toutes les fois que la disposition des lieux peut le permettre.

L'eau circulant dans un sous-sol indissoluble ou sur des bancs peu perméables, tels que les argiles, les granits, les schistes, etc., est bonne, pure et limpide. Si elle traverse des terrains crayeux, des bancs de calcaire blanc, des grès contenant des chaux, ou si elle coule longuement sur des couches de cette nature, elle s'altère en se surchargeant de bicarbonates.

De tous les cours d'eau, situés en amont de la ville de Castres, dans ses environs, le ruisseau de Lignon et l'Agoût sont ceux qui traversent le moins de terrains dissolubles. Les eaux qui les alimentent ne coulent guère que sur les schistes et le granit. Aussi trouve-t-on que les eaux de l'Agoût, et surtout celles du ruisseau de Lignon, contiennent bien moins de bicarbonates, et qu'elles ont une saveur plus agréable que celles de la petite rivière de Durenque, par exemple, qui, depuis le village de Notre-Dame jusques à son embouchure, roule sur des bancs calcaires.

M. Parayre, pharmacien, à Castres, a procédé récemment à deux analyses de l'eau de l'Agoût, prise immédiatement en amont de l'embouchure du ruisseau de Lignon, et de celle de ce ruisseau ; une pour reconnaître directement la qualité de l'eau de chaque espèce à l'aide de réactifs, et l'autre pour déterminer les matières fixes qu'elle contient.

Dans la première opération, il a soumis séparément l'eau, puisée à chacun des deux cours d'eau, à sept réactifs différents qui sont tous restés sans action sur l'une et l'autre de ces eaux (*) d'où M. Parayre a conclu que les matières fixes qu'elles contenaient étaient inappréciables.

Il a procédé ensuite par évaporation et il a trouvé cinq centigrammes de résidu par litre d'eau de l'Agoût, se composant de 1/2 de carbonates de chaux et de magnésie, un quart de chlorure de chaux et un quart de sulfate de même base.

L'eau du Lignon n'a produit, par litre, que deux centigrammes de matières fixes, ayant les mêmes caractères de celles trouvées dans l'eau de l'Agoût, mais accusant la présence de l'oxide de fer.

Cette analyse démontre que l'eau de l'Agoût est d'une excellente qualité, mais qu'elle est encore surpassée par celle du ruisseau de Lignon. Les eaux de ce ruisseau, parcourant un terrain rocheux, sont d'ailleurs très-fraîches et peu sujettes à être troublées par les pluies.

Le projet assure donc à la ville des eaux de la meilleure qualité.

(*) Les réactifs qui ont été employés sont :
L'eau de savon, le sirop de violette, la chlorure de baryum, l'azotate d'argent, l'oxalate d'ammoniaque, l'hydro-ferro-cyanate, et la solution de potasse caustique.

Jaugeages de l'Agoût et du ruisseau de Lignon.

Dans le but de connaître d'une façon précise les ressources que la rivière d'Agoût et le ruisseau de Lignon
pouvaient nous offrir, nous avons mesuré le débit de ces
deux cours d'eau à l'extrême étiage. Ces opérations ont
été effectuées avec le moulinet de Voltman et avec tous
les soins désirables. L'Agoût a été jaugée une première
fois un peu au-dessous du pont de Burlats, le 18 août
1858, année de très forte sécheresse. Son débit a été
trouvé égal à 3,190 litres par seconde (*).

Le lendemain il a été procédé au jaugeage du ruisseau
de Lignon. Cette opération a été exécutée à 150 mètres
environ en amont de la route départementale n° 25. La
nature a creusé sur ce point un canal très-régulier dans
les roches qui forment le lit du ruisseau. Toute l'eau pas-
sait dans ce canal au moment où il a été procédé au jaugeage, et le volume débité a pu être mesuré avec une
grande exactitude. Il a été trouvé de 109 litres par seconde.

Des jaugeages pareils ont été effectués sur les mêmes
points les 17 et 18 août 1859. Dans cette seconde opération, le débit de l'Agoût a été trouvé de 3,626 litres et
celui du Lignon de 148 litres.

Ces résultats démontrent que la ville pourra prendre
l'eau nécessaire à ses services dans la rivière d'Agoût et
au ruisseau de Lignon, sans diminuer en rien l'importance des usines situées en aval du point de dérivation (**).

(*) Durant l'opération l'eau a conservé un niveau à peu près
constant dans le réservoir formé par le barrage de l'usine de
Burlats.

(**) De nouveaux jaugeages ont été effectués le 26 août, 2 et
3 septembre 1861. Le débit de l'Agoût a été trouvé de 3,700 et
3.590 litres par seconde, et celui du ruisseau de Lignon de
50 litres.

4

Détermination de la quantité d'eau à distribuer.

Afin de nous appuyer sur des données certaines et d'arriver à une bonne distribution, nous l'avons basée sur celles déjà réalisées dans les principales villes de France et chez nos hardis voisins de la Grande-Bretagne.

Londres, ville qui renferme 2,400,000 habitants, qui se compose de 300,000 maisons et qui occupe une superficie de 21,000 hectares, reçoit 200,000 mètres cubes d'eau par 24 heures, dont 22,000 affectés aux services publics, chasses dans les égoûts, arrosement des rues et incendies, et 178,000 mètres aux services domestiques. Ainsi la quantité d'eau distribuée par jour dans la métropole est de 9,523 litres par hectare, de 666 par maison et un peu plus de 83 litres par personne. Toute cette masse d'eau provient de la Tamise et est élevée par des pompes à gros calibre et à longue course, placées sur divers points du fleuve.

Les plus importantes sont établies à Thames-Ditton, à 33,000 mètres en amont de Londres, lieu situé un peu au-dessus du point où viennent mourir les derniers flots de la marée. Elles sont placées en face des ombrages

En comparant ces résultats avec ceux obtenus en 1858 et 1859, on trouve que la rivière d'Agoût ne s'est pas ressentie de la forte sécheresse qui règne cette année, alors que le Lignon a été réduit à la moitié de son débit ordinaire d'étiage. Mais il n'y a là rien d'étonnant, car les longues sécheresses ont beaucoup plus d'influence sur les petits cours d'eau que sur ceux qui traînent une masse d'eau considérable.

D'un autre côté, dans les premiers jaugeages, chaque opération n'a duré que deux heures, et les résultats trouvés ont pu se ressentir des variations qu'amènent dans le régime des eaux les éclusées faites par les usines situées en amont de celle de Burlats, tandis que dans les dernières opérations le débit de l'Agoût a été constaté d'heure en heure pendant douze heures; et on peut considérer la moyenne des résultats comme étant l'expression du débit réel de la rivière au plus bas étiage.

d'Hamton-Court, où le fleuve, semblable à un large canal, roule sur un fonds de sable et de gravier (*).

Paris a 32,000 maisons, répandues sur une superficie de 3,500 hectares, et compte 1,200,000 habitants. L'eau que la capitale reçoit en ce moment est de 145,678^m 41 cubes par 24 heures.

Le canal de l'Ourcq fournit par jour, ci.	99,811^m 87^c
Les pompes de Chaillot, d'Austerlitz, de Notre-Dame et du Gros-Caillou, élevant des eaux de Seine, produisent, ci.	42,993^m 08^c
L'aqueduc d'Arcueil donne, ci.	1,534^m 46^c
Le puits de Grenelle.	864^m 00^c
Et les sources du nord (eaux de Belleville et des Prés Saint-Gervais), ci. . . .	475^m 00^c
Somme égale, ci.	145,678^m 41^c

Ce volume d'eau suffirait sans doute à l'alimentation et à l'arrosement de la capitale, si elle était toute de bonne nature et convenablement distribuée; mais à cause de la mauvaise qualité des eaux d'Ourcq et de Seine, qui ont l'inconvénient d'être fréquemment troubles, la quantité utilisée devient insuffisante, et d'un autre côté, à raison du trop petit calibre des conduites, l'eau abonde et se déverse à l'origine des artères de distribution, alors que bon nombre de quartiers restent en souffrance. En ce moment, la quantité d'eau employée à la marche de tous les services, n'est que de 86,777 mètres cubes par jour. La partie restante, s'élevant à 58,901 mètres, s'écoule donc en pure perte.

Pour doter Paris d'une quantité d'eau suffisante et entièrement salubre, l'administration de la ville a fait étudier plusieurs projets. Le plus important est celui de la dérivation de la Somme-Soude, petite rivière située dans la Champagne, et dont une partie des eaux serait amenée à Paris, à l'altitude de 80 mètres au-dessus du niveau de la mer, ou à 53^m 75 au-dessus de l'étiage de la Seine.

(*) Rapport de M. Mille sur les distributions d'eau exécutées dans le Royaume-Uni.

Dans ces divers projets on a évalué la quantité d'eau qu'exige une distribution complète, et l'on estime à 110,000 mètres cubes par jour les besoins possibles de l'ensemble de tous les services publics, et à 90,000 mètres ceux des services industriels et domestiques; ce qui élève la consommation totale présumée à 200,000 mètres cubes, soit 57,142 litres par hectare de superficie, 6,250 litres par maison, et 166 litres par individu, dont 11/20 affectés aux services publics, et 9/20 aux services privés.

La quantité d'eau prévue pour les exigences de la généralité des services dans Paris est donc près de sept fois plus forte par hectare de superficie que celle distribuée à Londres, décuple pour chaque maison et double pour chaque individu. Mais il faut remarquer qu'à Paris il existe un grand nombre de fontaines monumentales et de bornes-fontaines qui décorent et arrosent cette belle cité, tandis que Londres n'en possède aucune; que les services publics ne comprennent que les chasses dans les égouts et l'arrosement des rues à divers intervalles; que presque toute l'eau élevée par les machines est distribuée à domicile, et que dès lors aucune bouche ne répand inutilement sur le pavé une partie de l'alimentation de la Métropole.

La ville de Bruxelles est desservie avec l'eau de la source de Brobelaer, débitant 1,200 mètres cubes par 24 heures, et avec celles de la vallée du Hain, dont le débit journalier est estimé à 19,000 mètres cubes. Ces eaux sont conduites dans la ville par deux aqueducs voûtés qui se réunissent avant leur arrivée au faubourg d'Ixelles, point où est établi un réservoir de 20,000 mètres cubes de capacité.

L'aqueduc principal présente, en moyenne, une section de 0^m 70 de largeur sur 1^m 15 de hauteur; sa pente varie entre six et sept centimètres par kilomètre. Deux syphons renversés servent à faire passer aux eaux les vallées de l'Estrée et de Ten-Bosch. Celui situé sur la première de ces vallées a une longueur de 400 mètres et supporte sur le point le plus bas une charge de 14 mètres. La longueur de celui traversant la seconde est de 900 mètres et sa charge de 32 mètres. L'aqueduc passe ensuite la vallée du Mont-Saint-Pont sur un viaduc se composant de vingt-sept arches en plein-cintre, de 6 mètres d'ouverture, qui s'élèvent à 11 mètres au-dessus du thalweg de la vallée. L'eau, ainsi amenée, arrive dans la ville à une altitude qui varie entre 15 et 20 mètres au-dessus du pavé des rues.

La ville et sa banlieue comptent une population de 250,000 habitants; de sorte que les 20,200 mètres cubes d'eau journellement distribués, correspondent à 80 litres par habitant.

Bordeaux est aussi desservi par des eaux de source. Elles sont prises au bas des côteaux où elles émergent par un long récipient à barbacanes, et conduites dans la ville par un aqueduc voûté de 11,676 mètres de longueur, présentant une pente totale de 70 ou de 6 centim. par kilomètre. Cet aqueduc a 70 centim. de largeur au radier, 1^m 70 au niveau du plan des naissances de la voûte et 1^m 85 de hauteur sous clef. Une partie des eaux amenées, dessert par sa pente naturelle les quartiers inférieurs de la cité. La partie restante est élevée à l'aide de machines pour le haut service à une hauteur de 13 mètres.

La quantité d'eau distribuée par 24 heures est de 22,000 mètres cubes et la population de la ville de 130,000 habitants. La masse journellement dépensée par individu est donc de 170 litres par seconde.

Besançon reçoit les eaux de la source d'Arcier qui débite, suivant les renseignements donnés par M. Parandier (*), 100 litres par seconde. Ces eaux sont amenées dans la ville intérieurement par un aqueduc de 10,000 mètres de longueur, ayant 2 mètres de hauteur sous clef et 75 centim. de largeur. Sa pente est de 50 centim. par kilomètre sur une longueur de 1,500 mètres à partir de la source, et de 30 centim. par kilomètre sur la partie restante.

Le volume d'eau journellement distribué est de 8,640 mètres cubes par 24 heures ou de 246 litres par habitant, la population de la ville étant de 35,000 âmes.

Enfin, la ville de Dijon est alimentée par les eaux de la source du Rosoir, située sur le torrent de Suzon. Ces

(*) Voir l'ouvrage de M. Darcy, sur les fontaines de Dijon.

eaux sont amenées aux portes de la ville dans un aqueduc
en maçonnerie de 12,694 mètres de longueur; sa section
a 60 centim. de largeur et 90 centim. de hauteur. Quant
à sa pente, elle varie suivant celle des terrains qu'il par-
court. Cet aqueduc a le sommet de sa voûte généralement
placé à 1 mètre en contre-bas de la surface du sol.

L'eau, à son arrivée à Dijon, est reçue par deux réservoirs, établis un à la porte Guilhaume et l'autre à Mont-
musard, ayant ensemble une capacité de 5,490 mètres
cubes, et elle est distribuée dans la ville par un réseau
de conduites en fonte de fer de 13,574 mètres de développement, à une altitude qui varie entre 13 et 15 mètres
au-dessus du pavé des rues.

La quantité d'eau amenée est, en moyenne, de 6,064
mètres cubes par jour. La ville comptant 25,271 habitants, ce débit correspond à 240 litres par habitant.

De toutes les distributions d'eau qui viennent d'être citées, celles de Besançon et de Dijon étant les plus larges,
nous les avons adoptées pour base de nos évaluations et
nous avons admis, en vue des besoins futurs, que la
quantité d'eau utile à la marche de tous les services de
la ville de Castres devait être fixée à 50 litres par seconde. Ce débit, qui correspond à 4,320 mètres cubes
par 24 heures ou à 308 litres par habitant, suffira pour
satisfaire aisément les besoins du présent et les exigences
de l'avenir; néanmoins, et comme nous l'avons déjà dit,
les dispositions adoptées dans le projet permettront d'élever le débit de l'aqueduc de dérivation à 400 litres par seconde, si la ville désire concéder une partie de l'eau pour
des irrigations.

Prise d'eau sur l'Agoût.

Nous avons choisi pour l'établissement de la prise d'eau
à construire sur la rivière d'Agoût, un point situé à
388 mètres en amont de l'embouchure du Lignon, où la
rivière présente un rapide très marqué, au pied duquel

vient se perdre le remous du barrage de Burlats. Sur ce point, la rivière roule sur des bancs schisteux entièrement à nu, qui permettent de bien asseoir les maçonneries du barrage et de les exécuter avec facilité.

Les dispositions adoptées pour l'établissement de cette prise d'eau, ont pour but d'assurer la dérivation minima de 400 litres d'eau par seconde, et de garantir les ouvrages contre l'action des eaux. A cet effet, le barrage a été prévu en bonne maçonnerie de moellon et de mortier hydraulique, avec couronnement en pierre de taille de granit, et son dérasement fixé à 1^m25 en contre-haut de la crête du barrage de l'usine de Burlats. Un mur de tête se recourbant en tour ronde à ses deux extrémités, présentant sur le milieu une excavation en arc de cercle de 5 mètres de longueur sur 1^m50 de profondeur, a été projeté le long de la rivière, sur la rive gauche, et deux demi-tourelles, destinées à rejeter le courant, ont été prévues sur la tête de ce mur. La vanne de prise d'eau a été placée dans l'excavation dont il vient d'être parlé, devant laquelle sera établie une grille en fer pour empêcher les corps flottants de s'introduire dans la dérivation. Le débouché de cette vanne a un mètre de côté et elle a son seuil fixé à 60 centim. en contre bas de la crête du barrage. Un débouché d'un mètre de côté a été également donné à l'aqueduc faisant suite à la vanne dont il vient d'être parlé, et la pente du radier de cet aqueduc a été réglée à 1 millimètre par mètre.

Enfin, les parements du mur de tête et des demi-tourelles ont été prévus en maçonnerie de pierre de taille de granit.

Avec cet ensemble de dispositions, le but qu'il s'agit d'atteindre sera entièrement rempli.

L'action des eaux demeurera évidemment sans effet contre les maçonneries de granit défendant les ouvrages, et le débit de la prise d'eau pourra s'élever en tout temps à 602 litres par seconde (*), car, à l'extrême étiage, il

$$0^m70 \times \left(\sqrt{2,736 \times \frac{0^m001 \times 0^m70}{2\,40}} - 0^m033 \right) = 0^m602$$

passera au moins une lame d'eau de 10 centim. sur le barrage, et on aura en minima une charge de 70 centim. sur le seuil de la prise d'eau.

Bien que le volume maximum que la ville se propose de dériver ne soit que de 400 litres par seconde, il était utile que le débit de la prise d'eau fût calculé sur un chiffre plus élevé, en vue des obstacles qui peuvent s'arrêter à la grille à placer devant la vanne d'entrée et en diminuer la dépense.

Une vanne de décharge, dont la crête de la fermeture formera déversoir de superficie, a été prévue d'ailleurs à 14 mètres en aval de celle de la prise d'eau pour ramener à la rivière les eaux qui se trouveront en excédant.

Par les motifs qui viennent d'être donnés, il était utile aussi que l'aqueduc de dérivation faisant suite à la vanne de décharge dont il vient d'être parlé, fût susceptible de débiter un volume dépassant 400 litres par seconde, et il a été donné à sa section 75 centim. de largeur au radier, 85 aux naissances, et 1^m 075 de hauteur sous clef. Quant à sa pente, elle a été réglée à 1 millimètre par mètre. Avec ces dimensions et la lame d'eau minima de 70 centim. sur son radier, l'aqueduc pourra débiter 443 litres par seconde (*), volume encore supérieur à celui prévu dans le projet, et dont l'excédant pourra au reste être rendu à la rivière à l'aide d'une seconde vanne de décharge prévue immédiatement en amont du récipient à construire sur la rive gauche du ruisseau de Lignon.

Avec ces dispositions on sera assuré de pouvoir obtenir les 400 litres d'eau par seconde.

Prise d'eau du Lignon.

Les eaux du Lignon seront dérivées par un barrage en maçonnerie et introduites dans le récipient projeté sur la

$$(*)\ 0^m\,56 \times \left(\sqrt{2{,}736 \times \frac{0^m\,001 \times 0^m\,56}{2\ 25}} - 0^m\,033 \right) = 0^m\,443$$

rive gauche de ce ruisseau, par une vanne de 80 centim. de largeur sur 1 mètre de hauteur, pratiquée dans la paroi de cet ouvrage. Ce récipient recevra aussi, par une seconde vanne de 80 centim. sur 1 mètre, les eaux dérivées de l'Agoût qui traverseront le Lignon, dans un aqueduc ménagé dans le barrage prévu sur ce cours d'eau. Les deux vannes seront manœuvrées à l'aide d'un mécanisme placé dans une chambre située sur le récipient, que nous appellerons chambre des observations et des manœuvres. La maison du garde éclusier a été projetée attenant, afin que le service des vannes ne demeure jamais en souffrance. D'un autre côté, la hauteur du barrage a été calculée de manière à ne pas gêner l'écoulement des plus hautes eaux du ruisseau de Lignon, et de maintenir le niveau de ces eaux à 1 mètre en contrebas de l'intrados de la clef de la voûte du pont établi sur ce ruisseau, immédiatement en amont.

Pour rendre facile la constatation du débit de l'aqueduc de dérivation, une graduation établie dans la chambre des observations indiquera, à l'aide d'un flotteur en métal creux, la hauteur d'eau sur le radier de cet aqueduc et le débit correspondant à cette hauteur. Au moyen de cette graduation et du mécanisme prévu pour la manœuvre des vannes d'entrée, il sera facile à l'éclusier de régler le débit suivant les besoins du service et les ordres qui lui en seront donnés.

A l'aide de ces vannes, il lui sera facile aussi d'alimenter à volonté l'aqueduc de dérivation avec des eaux de l'Agoût ou avec des eaux du Lignon, selon que l'administration de la ville donnera la préférence à l'une ou à l'autre de ces eaux. (*)

(*) Une seconde prise d'eau, placée à $1^m 35$ au-dessus du niveau de la première, a été projetée sur le Lignon pour alimenter la dérivation, lorsqu'il sera nécessaire de fermer la prise inférieure pour empêcher les troubles de l'Agoût de s'introduire dans le récipient.

5

Aqueduc de dérivation en aval du Lignon.

La pente de l'aqueduc de dérivation, en aval du ruisseau de Lignon, a été fixée à 40 centim. par kilomètre. Elle a été d'ailleurs calculée de manière qu'une hauteur suffisante pour distribuer l'eau à tout étage dans la ville fût conservée, et que le débit de 400 litres par seconde fût obtenu avec les dimensions qu'il convenait de donner à la section de cet ouvrage, pour qu'un ouvrier pût facilement circuler dans son intérieur. Cette pente est d'ailleurs très-rationnelle et à peu près égale à celle que présente l'aqueduc des fontaines de Besançon.

En ce qui touche la section, nos études nous ont conduit à adopter un profil à peu près semblable à celui des égoûts de Paris, et à lui donner 75 centim. de largeur au radier, 85 aux naissances de la voûte, et 1^m 075 de hauteur sous clef. Cette forme, avec l'épaisseur de 30 et 35 centimètres donnée aux maçonneries des pieds droits, présentera une forte résistance à la poussée des terres; et avec une lame d'eau de 1 mètre, l'aqueduc débitera 400 litres par seconde (*).

D'un autre côté, les dimensions adoptées permettront qu'un ouvrier puisse entrer dans l'aqueduc pour le nettoyer ou le réparer. Ces opérations s'effectuent facilement aux aqueducs des fontaines de Dijon et de Bruxelles; et comme le portent les détails que nous avons déjà donnés au sujet de ces ouvrages, leurs dimensions intérieures sont : pour l'aqueduc de Dijon, de 60 centim. de largeur sur 90 de hauteur, et de 75 centim. sur 1^m 15 en moyenne pour celui de Bruxelles.

En vue de l'imperméabilité et de la bonne confection de l'aqueduc, le projet porte que cet ouvrage sera en

$$0^m 780 \times \left(\sqrt{2{,}736 \times \frac{0^m 0004 \times 0^m 780}{2\ 86}} - 0^m 033 \right) = 0^m 400$$

(*)

entier exécuté en maçonnerie de béton. Cette maçonnerie
est, en effet, préférable à la maçonnerie ordinaire, cimentée sur ses parements, employée dans plusieurs ouvrages hydrauliques. Le béton, une fois sec, ne forme
qu'un seul bloc. Il est de très-forte cohésion et entièrement imperméable. Nous l'avons employé dans la construction de plusieurs réservoirs et autres ouvrages hydrauliques, et nous n'avons jamais remarqué des fuites
ni même des suintements lorsque les travaux ont été soigneusement exécutés. La maçonnerie ordinaire, au contraire, ferme difficilement le passage à l'eau et ne cons-
titue jamais un corps entièrement compacte. Sans doute,
on la rend imperméable par le cimentage de ses parements; mais cet enduit peut se détacher et amener des
fuites considérables, et il importe toujours d'éviter ces
inconvénients. Ces puissants motifs nous ont déterminés
à adopter la maçonnerie de béton, bien qu'elle fût un
peu plus chère que la maçonnerie ordinaire cimentée..

*Travaux d'art projetés sur le trajet de l'aqueduc
de dérivation.*

Les ouvrages d'art projetés sur la ligne de l'aqueduc
de dérivation, entre le ruisseau de Lignon et le plateau
de Lardaillé, sont au nombre de huit : un mur à établir
sur le bord de l'Agoût, au droit du cimetière de Burlats,
destiné à isoler sur ce point la dérivation de la route; un
barrage à exécuter sur le ruisseau de Lalbugue, pour
passer ce ruisseau en dessous; quatre ponceaux pour le
passage en dessus des ruisseaux des Pommes, de la
Garre, du Saillenc et de Lastines; un viaduc à construire
dans la vallée de Lézert, et un pont à établir sur le ruisseau de Lambert.

Le mur prévu au droit du cimetière de Burlats aura une
longueur de 50 mètres, et 4^m 36 de hauteur. Il sera établi
à 1 mètre au-delà du mur de soutènement de la route, et
l'aqueduc de dérivation sera ménagé dans son épaisseur.

Des barbacanes sont prévues à la partie inférieure de ce mur, afin que les eaux du sous-sol des terrains supérieurs puissent facilement s'écouler dans la rivière.

Le barrage projeté sur le ruisseau de Lalbugue, aura une élévation de 1^m 17 au-dessus du thalweg. Il sera couronné en pierre de taille et appuyé à chaque extrémité à un mur établi le long du cours d'eau, destiné à prévenir les débordements lors des crues.

Les quatre ponceaux projetés pour franchir les ruisseaux des Pommes, de la Garre, du Saillenc et de Lastines auront chacun 2 mètres d'ouverture. Leur voûte sera en plein-cintre et supportée par des culées dont la hauteur variera suivant l'élévation à donner au ponceau. La largeur, d'une tête à l'autre, a été fixée à 3^m 50, afin qu'il restât entre les parapets un intervalle de 2^m 50, largeur donnée à la voie du chemin à établir sur l'aqueduc de dérivation. Des murs en aile ont été prévus sur chaque tête pour retenir les remblais à exécuter aux abords de ces ouvrages.

Le viaduc projeté dans la vallée de Lézert aura 46 mètres de longueur et 10^m 40 d'élévation au-dessus du thalweg de la vallée. Il se composera de cinq arches en plein-cintre, de 6 mètres d'ouverture. Comme pour les ponceaux, sa largeur, d'une tête à l'autre, a été fixée à 3^m 50, et des murs en aile ont été également prévus sur les deux têtes. Cet ouvrage sera surmonté de deux parapets de 95 centim. de hauteur.

Le pont à établir sur le ruisseau de Lambert aura 20 mètres de longueur, 3^m 50 d'une tête à l'autre, et 10^m 40 de hauteur entre le plafond du ruisseau et le dessus des parapets. Il est prévu à une seule arche en plein-cintre, de 6 mètres d'ouverture. Des murs en aile sont aussi projetés sur les deux têtes.

Pour les quatre ponceaux, le viaduc et le pont dont il vient d'être parlé, les socles des culées, les têtes des pieds-droits, des piles et des voûtes, les extrémités et les rampants des murs-en-aile, les cordons et le couronnement des parapets, ont été prévus en pierre de taille de granit.

Indépendamment de ces ouvrages, des murs à pierre sèche ont été projetés sur la ligne de l'aqueduc, partout où le terrain présente une forte déclivité, pour retenir les remblais. Ces murs seront rejointoyés sur leurs pare-ments vus et surmontés d'un parapet exécuté en ma-çonnerie de moellon et de mortier hydraulique.

Enfin, pour éviter des remblais prévus aux abords des ponts et viaduc à construire, pour l'établissement de l'aqueduc de dérivation, il a été dit dans le projet que les remblais seront arrosés et pilonnés au fur et à mesure de leur exécution. Afin de prévenir encore les mouvemens qui pourraient se produire dans les maçonneries de cet ouvrage, s'il était assis sur des terres rapportées, un mur à pierre sèche de 1ᵐ 45 de largeur a été prévu sur l'axe du remblai pour supporter le radier de cet ouvrage, partout où il se trouvera placé en contre-haut du sol naturel. (*)

Tout ce qui pouvait être utile pour assurer la stabilité de l'aqueduc, se trouve donc prévu dans le projet.

Regards et chemin à établir sur la dérivation.

Il était utile que l'aqueduc pût être facilement visité et réparé aussitôt que des dégradations viendraient à se produire, et, dans ce but, des regards d'enceinte dis-tancés de 250 mètres et un chemin de 2ᵐ 50 de voie, ont été projetés sur toute son étendue.

Chaque regard doit être couronné d'une pierre en granit, posée sur le niveau du bombement de la voie du chemin, percée d'une ouverture circulaire de 60 centim. de diamètre et fermée avec une trappe en fonte de fer. Les choses ainsi disposées, il sera facile à un ouvrier de des-cendre dans l'aqueduc avec une échelle portative; et si

(*) Nous avons projeté un remblai aux abords des ponts et viaduc, au lieu de placer l'aqueduc sur des séries d'arcades, pour diminuer la dépense et assurer la fraîcheur des eaux.

cet ouvrage vient à réclamer quelque réparation pressante, les matériaux dont il sera besoin pour son exécution, pourront être promptement transportés sur le point dégradé.

D'un autre côté, les regards, un entr'autre, doivent être munis d'une vanne de décharge de 80 centim. de largeur, ayant son seuil placé sur le niveau du radier de l'aqueduc, et la crête de sa fermeture dérasée à 1 mètre en contre-haut de ce radier. Ces vannes, qui sont disposées de manière à être facilement manœuvrées à l'aide d'un cric portatif, communiqueront avec des fossés de fuite; et en même temps qu'elles feront l'office de déversoir, elles serviront à produire de fortes chasses dans l'aqueduc pour l'enlèvement des dépôts faits par les eaux, toutes les fois que le besoin s'en fera sentir.

Cet ensemble de dispositions assure et le facile entretien de l'aqueduc et l'entière évacuation du trop plein des eaux et des détritus qu'elles peuvent déposer.

FILTRE.

Examen des dispositions adoptées dans plusieurs villes pour le filtrage de l'eau de rivière.

Les appareils de filtrage établis pour l'épuration de l'eau de rivière distribuée dans plusieurs villes, sont généralement basés sur le même principe, mais ils présentent presque tous des dispositions différentes.

1° *Filtre de Thames-Ditton.*

Le filtre de Thames-Ditton, établi pour le service de la ville de Londres, se compose d'une enceinte rectangu-

laire, creusée dans le sol , de 2,900 mètres carrés de superficie, murée de tous ses côtés. Au bas et en travers de
cette enceinte ont été construits une suite de murs parallèles de 1ᵐ 20 de hauteur, formant une série de réservoirs communiquant avec le récipient recevant l'eau filtrée. Sur ces murs reposent de fortes dalles ardoisées, du
pays de Galles, posées de champ et assez rapprochées
pour que les cailloux formant la couche immédiatement
superposée ne puissent pas passer entr'elles. Sur ces
dalles sont ensuite posées cinq couches filtrantes et d'espèce différente : une de caillou , une de gros gravier, une
de gravier ordinaire et une de coquillage de mer , ayant
chacune 15 centim. d'épaisseur, sur lesquelles se trouve
placée une couche de sable de rivière d'une épaisseur de
90 centim.

La surface de cette dernière couche se trouve au-dessous du niveau de la Tamise, et les eaux se répandent
sur le filtre par une série de tuyaux munis chacun d'un
robinet à vanne.

L'appareil fonctionne sous une charge moyenne de
2ᵐ 50 et produit, par 24 heures, 7,850 litres par mètre
carré, ou un peu plus de neuf centièmes de litre par seconde. Son nettoiement a lieu trois fois par mois. Chaque
opération exige l'emploi de 25 hommes pendant 5 heures,
et l'épaisseur de sable enlevée est d'un centimètre environ. On ne recharge la couche de sable du filtre que lorsqu'elle est réduite à la moitié de son épaisseur primitive.

2° *Filtre de Paisley.*

Le filtre de Paisley, construit sous la direction de l'in-
génieur Thom, est formé d'une excavation rectangulaire
de 600 mètres carrés de superficie et de 2ᵐ 40 de profondeur, creusée dans le sol, entourée de murs en bonne
maçonnerie, et est divisée en trois compartiments pou-
vant fonctionner séparément.

A l'effet de rendre cette enceinte imperméable, il a été posé sur le fonds une couche de terre glaise, de 0^m 30 d'épaisseur, recouverte d'un pavage cimenté. Des briques posées de champ, laissant entr'elles un espace libre de six à sept millimètres, recouvrent ce pavage. Sur ces briques est ensuite posé un carrelage en tuiles plates, percées de petits trous de trois millimètres de diamètre. Sur ce carrelage se trouvent ensuite superposées six couches de gravier, ayant chacune 3 centim. d'épaisseur, dont le volume des grains vient en décroissant, de sorte que la sixième couche est du sable grossier. Sur ces six couches en est posée une septième de sable fin, de 45 centim. d'épaisseur. Enfin, le sable est recouvert d'une dernière couche de 15 centim., composée d'un dixième de charbon animal et de neuf dixièmes de sable vif et fin.

Cet appareil produit 3,019 mètres cubes d'eau filtrée en 24 heures, ou un peu plus de cinq centièmes de litre par seconde et par mètre carré.

Le filtre est nettoyé une fois par mois. On procède à cette opération en enlevant d'abord, avec des pelles à long manche, la couche de limon déposée sur la superficie, et en produisant ensuite un courant de bas en haut. L'eau, en bouillonnant à travers les couches filtrantes, les remue et emporte les détritus déposés dans leurs interstices, en passant dans des orifices ménagés à 10 centimètres au-dessus de la dernière couche, pour son évacuation.

On compte que le nettoiement exige, dans l'année, 50 journées d'homme, et les rechargements successifs de la dernière couche filtrante, 180 mètres cubes de sable.

3° *Filtre de Marseille.*

Le filtre qu'on vient d'établir à Marseille est en deux compartiments : un de 4,700 mètres carrés de superficie, et l'autre de 4,000 mètres. Les matières filtrantes reposent sur la voûte d'un réservoir placé au-dessous, percée d'une infinité de petites barbacanes, formées chacune

d'un drain de 4 centim. de diamètre, placé dans les maçonneries de la voûte. Les couches dont ces matières se
composent sont, en partant de la voûte : 1° 0m 12c de
pierre concassée, passant par un anneau de 6 centim.;
2° 0m 12c de gravier du Prado ; 3° 0m 18c de gros sable
de Riom ; 4° 0m 8c de sable moyen de Goudes, et 5° 0m
30c de sable très-fin de Montredon.

Les barbacanes dont il vient d'être parlé servent à
donner passage à l'eau filtrée dans le réservoir situé au-
dessous, et à établir aussi un courant ascensionnel pour
le nettoiement du filtre, en faisant arriver l'eau par ce
réservoir, qui permet de la faire élever au-dessus de la
dernière couche de superficie.

L'eau, avant d'arriver au filtre, séjourne dans des bassins d'épuration établis en amont, où elle dépose la plus
grande partie de son limon. Les eaux de la Durance sont
si souvent troubles et la quantité des détritus qu'elles
tiennent en suspension si considérable, que sans cette
précaution les filtres seraient engorgés en cinq ou six
heures.

Après être passée par ces bassins, l'eau est répandue
sur le filtre par une série de tuyaux établis à cet effet.

La charge sous laquelle s'opère le filtrage est variable.
Elle n'est que de 40 centimètres au commencement de
l'opération, mais elle est successivement augmentée au
fur et à mesure que le sable se recouvre d'une couche li-
moneuse, et à la fin elle est de 80 centim. à 1 mètre.

Les filtres produisent, en moyenne, 15 centim. de litres d'eau filtrée par seconde et par mètre carré. On procède à leur nettoiement tous les huit ou dix jours. On
pourrait prolonger cette période ; car, après ce temps,
les filtres donnent encore 13 centièmes de litres par seconde et par mètre carré; mais on a remarqué que le
nettoiement est plus facile lorsque la couche de vase a
moins séjourné sur le sable. Pour procéder à cette opération, on établit aussi le courant de bas en haut; l'eau
traverse alors les couches filtrantes, soulève les dépôts
limoneux dont elles sont chargées et les entraîne dans les
canaux de rejet en passant par des orifices placés à
10 centim. au-dessus de la couche de superficie. Cette
hauteur suffit pour empêcher tout ravinement de cette

couche. A Marseille on a remarqué, qu'après un an de service, le niveau du sable n'avait pas changé (*).

Après le nettoiement, le filtre donne, pendant quelques instants, des eaux un peu ocreuses. On attribue cet effet aux dépôts que laisse le courant d'eau non filtrée, dirigé de bas en haut pendant l'opération.

4° *Filtre de M. Hyppolite Coste.*

M. Coste nous a communiqué le dessin et la description d'un filtre établi à son usine de Salvages, qui donne d'excellents résultats. Une médaille d'or a été au reste décernée à cet ingénieux et habile industriel par le jury de la dernière exposition de Toulouse, au sujet de l'invention de cet appareil.

Le filtre se compose de deux compartiments égaux que nous désignerons sous les n°s 1 et 2 pour en faire la distinction, séparés dans le sens longitudinal par une cloison en maçonnerie dont la crête se trouve à soixante centimètres environ en contre-bas des bords du filtre.

Le compartiment n° 1 communique par une extrémité avec une petite enceinte à l'aide de trois vannes, deux placées immédiatement au-dessus de son radier et la troisième à sa partie supérieure. A l'autre extrémité sont établies deux autres vannes de fond, se débouchant à l'extérieur. Le compartiment n° 2 communique aussi avec une petite enceinte placée à côté de celle du compartiment n° 1, mais il n'existe aucune ouverture à l'extrémité opposée. Quatre couches filtrantes sont placées dans le compartiment n° 1. La première en partant du radier et dans laquelle sont ménagés deux petits canaux correspondant aux deux vannes de fond placées à chaque extrémité du compartiment, est en moellon et a 50 centim. d'épaisseur ; la seconde se compose de mâchefer ou scorie de fourneau ; la troisième est en gravier ordinaire et la quatrième en gravier fin ou sable grossier. Ces trois der-

(*) Voir l'ouvrage de M. Darcy.

nières couches ont chacune 33 centim. d'épaisseur. Deux autres couches filtrantes se trouvent dans le compartiment n° 2. La première, placée sur le radier, a 50 centim. d'épaisseur et se compose de drains emmanchonnés inclinant légèrement vers l'enceinte destinée à recevoir l'eau filtrée et aboutissant à cette enceinte. La seconde est en sable fin et pur et a une épaisseur d'un mètre environ.

A dix centimètres au-dessus de la superficie de cette dernière couche, des orifices qui s'écoulent au dehors, distancés de 2 mètres d'axe en axe et fermés d'une petite vanne à coulisse, sont pratiqués dans les bords du filtre.

L'appareil fonctionne sous une charge de 2 mètres.

Pour opérer le filtrage on introduit l'eau avec cette charge dans l'enceinte contigue au compartiment n° 1, après avoir ouvert les deux vannes placées au bas de cette enceinte. L'eau passe alors dans les canaux ménagés dans la première couche filtrante, traverse dans le sens ascensionnel les couches situées au dessus, et vient se répandre sur le compartiment n° 2 en se déversant au-dessus de la cloison séparative. Elle descend ensuite à travers la couche de sable de ce dernier compartiment, tombe dans les drains et va s'écouler dans l'enceinte destinée à la recueillir après son filtrage.

On effectue le nettoiement des matières filtrantes deux ou trois fois par mois. Pour procéder à cette opération, on ouvre les deux vannes de fond du compartiment n° 1 communiquant avec l'extérieur. L'eau marche alors dans les canaux ménagés dans la première couche avec une vitesse due à une charge de 2 mètres, et emporte au-dehors tous les détritus qu'elle a déposés dans ces canaux pendant le filtrage. On ferme ensuite les deux vannes de fond qui donnent l'eau à ces canaux et on ouvre celle qui se trouve placée au-dessus. L'eau se répand immédiatement sur la superficie du même compartiment ; elle traverse les couches filtrantes dans une direction contraire à celle qu'elle a suivie pendant le filtrage, détache les matières vaseuses qui se sont déposées dans leurs interstices et les entraîne à l'extérieur.

Après le nettoiement du compartiment n° 1, on procède à celui du compartiment n° 2. On introduit l'eau dans les drains, toujours avec la charge de 2 mètres, et on ouvre les orifices de superficie. Comme dans les filtres déjà cités, un courant s'établit alors de bas en haut qui soulève les matières limoneuses dont le sable est surchargé et les jette hors de l'appareil, en passant par les orifices dont il a été parlé. Pour que le courant ait plus d'action sur les détritus dont le filtre doit être dégagé, pendant l'opération, des ouvriers remuent fortement le sable à sa superficie avec des rateaux ou des pelles à long manche.

D'après les observations faites par M. Coste, le filtre produit en moyenne, par seconde et par mètre carré de superficie, 0, 32 de litre d'eau bien filtrée.

L'appareil de Marseille ne donne pas tout à fait, par seconde et par mètre carré, la moitié de ce volume ; celui de Thames-Ditton ne produit que le tiers et celui de Paisley que le sixième environ.

Le filtre de M. Coste présente donc des avantages réels sur les autres systèmes, et nous l'avons adopté de préférence.

Filtre projeté.

L'établissement que nous avons projeté se compose de six appareils égaux, semblables à celui qui vient d'être décrit. La superficie filtrante est de 366 mètres carrés. Le radier du bassin de filtrage est fixé à 15^m 67 en contre-haut du seuil du portail de la cour de la Mairie de Castres. Un aqueduc qui se débouche dans un fossé de fuite aboutissant à la rivière d'Agoût est prévu sous ce radier pour l'évacuation des eaux jetées hors du filtre. Les six appareils sont placés dans une excavation creusée dans le sol sur 2 mètres de profondeur, entourée de murs imperméables. L'espace qu'ils occupent est divisé en trois compartiments égaux, comprenant chacun deux appareils. Chaque compartiment est recouvert par une voûte en plein-cintre de 8 mètres d'ouverture. Les 3 voûtes ont le plan de leurs naissances placé à 17^m 67 en contre-haut du repère précité, et elles ouvrent toutes dans une galerie voûtée de 3 mètres de largeur perpendiculairement à son axe. Le canal alimentaire règne sur toute la

longueur de cette galerie, afin que l'eau puisse être
simultanément donnée à tous les appareils. Le bâtiment
a deux murs de face s'élevant à 5^m 75 au-dessus du sol,
couronnés d'une corniche et surmontés d'une balustrade
en pierre de taille. Une terrasse formée d'un remblai dont
la surface coïncidera avec le sommet de ces murs, est
projetée sur toutes les voûtes du filtre pour assurer l'entière fraîcheur des eaux.

Une porte d'entrée donne accès dans la galerie, et
l'intérieur du bâtiment est éclairé par neuf ouvertures
placées dans les deux murs de face.

Chaque appareil du filtre communique avec un bassin
de réserve souterrain projeté à côté de l'établissement,
destiné à recevoir l'eau filtrée, et avec un tuyau de
40 centim. de diamètre qui amènera directement cette eau
à la conduite de distribution lorsqu'on voudra alimenter
la ville sans le secours du réservoir. Chaque appareil
communique encore avec un tuyau de rejet destiné à
recevoir et à écouler au dehors l'eau un peu laiteuse
que donnera le filtre dans les premiers instants de sa
mise en activité, après chaque nettoiement. L'aqueduc
d'évacuation passant sous le filtre, le bassin de réserve
et la route n° 2, prendra ces eaux et celles qui seront
en excédant, et les amènera à l'extérieur, où elles seront
livrées à l'agriculture, ou dirigées dans un fossé aboutissant à la rivière d'Agoût.

Les dispositions qui viennent d'être décrites permettent de faire fonctionner séparément les six appareils
du filtre, de les nettoyer un par un, et d'en avoir au
moins toujours cinq en permanence.

D'après le débit moyen de 1/3 de litre par seconde et
par mètre carré que donnera le filtre suivant les observations faites, les cinq appareils produiront 85 litres
dans la même unité de temps, volume presque double de
celui que la ville se propose de distribuer. Ainsi le filtre
projeté sera plus que suffisant pour les besoins de la
cité, alors même que son débit viendrait à diminuer
d'un tiers dans l'intervalle qui séparera les opérations de
nettoiement, et cette diminution ne se produira qu'à de
longs intervalles, car les eaux soumises au filtrage fe-

ront peu de dépôt : Très souvent, après les fortes pluies, le ruisseau de Lignon aura repris sa limpidité avant que les eaux troubles de l'Agoût soient arrivées à l'embouchure de ce ruisseau, et elles seront presque toujours claires.

Bassin de réserve.

Pour assurer la permanence du service pendant la durée des réparations que l'aqueduc de dérivation pourra exiger dans la suite, nous avons projeté un bassin de réserve à l'entrée de la ville, de 7,546 mètres cubes de capacité. Cette précaution a été prise à Londres, Bruxelles, Dijon, Bordeaux, etc. Il est essentiel, en effet, de prévenir des interruptions dans la fourniture de l'eau qui pourraient souvent se prolonger pendant plusieurs jours et laisser les populations en souffrance ; et généralement des ouvrages de cette espèce sont établis dans toutes les distributions d'eau bien entendues.

Le réservoir projeté est contigu au filtre et placé entre cet ouvrage et les bâtiments prévus sur le bord de la route n° 2, pour le logement du garde et l'installation des appareils hydrométriques. Il se compose d'une enceinte rectangulaire ayant intérieurement 80 mètres de longueur sur 31 mètres de largeur, entourée de murs de 2 mètres d'épaisseur, prévus en béton, avec parements en moellon et mortier hydraulique, et recouverte par neuf voûtes de 8 mètres d'ouverture, dont le sommet est placé à 1 mètre en contre-bas du sol. Ces voûtes ont 2 mètres de hauteur de pied-droit, $2^m 50$ de flèche, et sont supportées par des piles de 1 mètre de largeur, percées de 7 arceaux de 3 mètres d'ouverture et de $1^m 50$ de hauteur sous clef. Le radier de cette enceinte est prévu en béton et placé à $3^m 50$ en contre-bas de celui du filtre, afin que l'épaisseur de la lame d'eau puisse atteindre cette dimension dans le réservoir sans gêner les opérations du filtrage. Un déversoir de 2 mètres de largeur a été prévu sur le côté du réservoir situé à l'aspect du couchant, pour que l'eau ne puisse jamais dépasser cette élévation. Le trop plein qui s'écoulera par ce déversoir rentrera à la rivière en suivant l'aqueduc d'évacuation dont il a été déjà parlé.

Une porte placée dans le bâtiment destiné au logement du garde, et un escalier, ont été projetés pour descendre dans le réservoir, et 18 regards ayant leur ouverture située au niveau du sol et fermés d'une trappe en fonte, sont prévus sur le sommet des voûtes pour éclairer son intérieur lorsqu'on aura à le nettoyer ou à le réparer, et servir au dégagement de l'air.

Un tuyau en fonte de 40 centim. de diamètre, ayant son orifice placé à 30 centim. en contre-haut du radier, fera communiquer ce réservoir avec la conduite de la ville, et un tuyau du même calibre, aboutissant à l'aqueduc d'évacuation, servira à le vider lorsque les circonstances le demanderont. Ces tuyaux seront munis chacun d'un robinet, dont il sera parlé dans la description des appareils hydrométriques.

Le radier du réservoir étant prévu en béton, et les murs d'enceinte jusques au point où l'eau doit s'élever, en maçonnerie de la même espèce, avec parements en moellon, l'imperméabilité de cet ouvrage se trouve assurée sans qu'il soit besoin de faire aucun cimentage à l'intérieur.

Quant à sa capacité, elle est plus que suffisante pour alimenter la ville pendant les plus fortes réparations que l'aqueduc de dérivation pourra exiger, dont la durée atteindra rarement sept ou huit jours. Pendant ces jours d'exception la dépense de l'eau peut, en effet, être limitée sans trop d'inconvénient à l'alimentation de la moitié des bornes fontaines et au service des robinets de concession, et un tel service n'exigera qu'un écoulement de dix litres par seconde environ, débit qui correspond à une consommation journalière de 864 mètres cubes. Ainsi le réservoir pourra, à la rigueur, desservir la ville pendant près de 9 jours et suppléer à toutes les interruptions qui pourront se produire dans le débit de la dérivation.

Bâtiment hydrométrique, maison du garde et enclos.

Nous avons projeté le bâtiment hydrométrique et la maison du garde entre le bassin de réserve et la route départementale n° 2. Les deux édifices ont la même forme et des dimensions égales. Ils sont, l'un et l'autre, contigus au bassin de réserve et parallèles à une droite passant par l'axe de cet ouvrage perpendiculaire à la route. Leurs façades sont en regard, distancées de 10 mètres et placées chacune à 5 mètres de cette ligne. Chaque bâtiment a extérieurement 6^m 50 de longueur sur 5 mètres de largeur et se compose d'un soubassement, d'un rez de-chaussée et d'un premier étage. Les deux bâtiments, le bassin de réserve et le filtre, sont renfermés dans un enclos projeté le long de la route, de 72 ares de superficie, entouré d'une haie vive en aubépine, orné d'allées de 3 mètres de largeur, gazonné et complanté de bouquets d'arbres touffus et à basse tige. Un portail en fer à claire-voie placé sur le bord de la route et dans l'intervalle qui sépare la maison du garde du bâtiment hydrométrique, donnera entrée dans cet enclos. Ce lieu, avec ces embellissements, offrira l'aspect d'un agréable square dont la ville pourra disposer en faveur du public.

Appareils hydrométriques.

Le soubassement du bâtiment hydrométrique renferme une cuve en fonte d'un mètre de diamètre sur quatre-vingt-dix centimètres de hauteur, recevant deux tuyaux de quarante centimètres de diamètre, un aboutissant au filtre et l'autre au bassin de réserve, à laquelle la double conduite de la ville prendra son origine. Chaque branche de cette conduite est munie d'un robinet d'arrêt placé immédiatement en aval de la cuve, et deux robinets régulateurs sont prévus immédiatement en amont : un sur le

tuyau venant du filtre, et l'autre sur celui prenant l'eau
du bassin de réserve. Une vis en fer, entrant dans un
écrou muni d'une manivelle, est attachée à la vanne de
chacun de ces robinets pour servir à les manœuvrer. L'é-
crou est placé dans la pièce située au-dessus, appelée
chambre des observations, et supporté par un trépied
en fonte fixé dans le plancher. Trois tuyaux verticaux de
15 centim. de diamètre, aboutissant dans la même pièce,
communiquent un avec la cuve, et les deux autres avec
les conduites du filtre et du réservoir, un peu en amont
des robinets régulateurs. Un flotteur en métal creux, sup-
portant une tige graduée, qui se meut librement dans un
tube en verre, est placé dans l'intérieur de chacun de ces
tuyaux. Cette tige est disposée de manière à pouvoir s'é-
lever en contre-haut d'un repère fixé un peu au-dessus
de l'orifice de chaque tuyau vertical, d'une hauteur égale
à celle comprise entre le radier du bassin de réserve et
le niveau maxima que l'eau doit occuper dans cet ouvrage. L'extrémité supérieure de la tige marquant le point
zéro, coïncidera avec le repère dont nous avons parlé
lorsque le réservoir sera entièrement vide. Cet appareil,
ainsi disposé, servira à limiter la charge sous laquelle
l'écoulement devra se faire dans la ville, et accusera en
même temps, à l'aide d'une échelle établie dans la chambre des observations, l'eau qui restera emmagasinée dans
le réservoir.

La charge, une fois réglée d'après un chiffre donné, il
sera facile au garde de s'apercevoir de ses variations et
de la ramener à la hauteur voulue. Admettons, en effet,
que la charge permanente est fixée à $14^m 77$ en contre-
haut du seuil du portail de la cour de la Mairie de Castres, chiffre que nous avons admis dans le projet, déduction faite de la dénivellation qui sera produite par les robinets régulateurs, évaluée à 30 centim., et que la cité
est desservie avec l'eau du bassin de réserve.

Placé dans la chambre des observations, le garde aura,
d'une part, les tiges des flotteurs qui indiqueront le niveau que l'eau occupera en amont et en aval du robinet
régulateur, et de l'autre, la manivelle qui servira à régler
le débit de ce robinet.

7.

Si la charge diminue dans la ville par suite d'une augmentation survenue dans la dépense de l'eau, le flotteur placé sur la cuve s'abaissera, et le garde s'empressera alors de tourner la manivelle du robinet régulateur pour monter la vanne de ce robinet et faire reprendre à ce flotteur sa position primitive.

Si, au contraire, la consommation de l'eau diminue dans la cité, le même flotteur montera et le garde manœuvrera la manivelle en sens inverse pour restreindre le débit du robinet régulateur et faire abaisser le flotteur au point fixé, sans se préoccuper de la hauteur que l'eau prendra dans le bassin de réserve, son niveau étant limité par un déversoir de superficie. D'un autre côté, si le flotteur placé en amont du robinet régulateur accuse un abaissement dans le niveau de l'eau du réservoir, le garde sera averti que la consommation dépasse la masse affluente, et, s'il y a lieu, il diminuera le débit pour rétablir l'équilibre entre la production et la dépense.

Enfin, si les mêmes effets viennent à se produire lorsque la ville sera directement desservie par le filtre, circonstance qui se présentera toutes les fois que l'on aura à vider le bassin de réserve pour le réparer ou le nettoyer, le garde exécutera les mêmes manœuvres au robinet régulateur placé sur le second tuyau aboutissant à la cuve. Seulement, si l'eau vient à augmenter en amont de ce robinet, il aura à se rendre au filtre pour faire échapper le trop-plein par l'aqueduc d'évacuation, en ouvrant une partie des bondes du tuyau de rejet.

Quant aux deux robinets placés en aval de la cuve, sur la double conduite amenant l'eau dans la ville, ils sont destinés à arrêter l'écoulement dans l'une et l'autre des branches de cette conduite, toutes les fois que le service le demandera.

Un second tuyau partant du bassin de réserve vient se dégorger à droite de la cuve dont nous avons parlé, dans un canal s'écoulant dans l'aqueduc d'évacuation. Un robinet-vanne, qui sera aussi manœuvré à l'aide d'un mécanisme placé dans la chambre des observations, est établi sur ce tuyau pour servir à vider le bassin.

Les dispositions dont le détail vient d'être donné remplissent donc quatre conditions principales. Elles permettent :

1° De maintenir la charge sous laquelle se fera l'écoulement dans la ville, à un niveau à peu près constant, tant que le débit de la dérivation n'éprouvera pas d'interruption ;

2° D'avoir en réserve une masse d'eau considérable pour desservir la cité, pendant les réparations que l'aqueduc d'amené peut exiger dans la suite ;

3° D'alimenter la ville avec l'eau du filtre, lorsqu'on voudra vider le bassin de réserve ;

4° D'interrompre l'écoulement dans la ville et d'envoyer toute l'eau dans le réservoir :

Conditions auxquelles il était essentiel de satisfaire.

Distribution de l'eau.

La ville et ses faubourgs comptant 1,500 maisons, nous avons admis que, dans l'avenir, le nombre possible des robinets ménagers pouvait s'élever à 2,500, dépensant chacun 200 litres par jour, et le débit correspondant à leur consommation a été compté, par seconde,
à. 6ˡ 00ᶜ

La dépense, toujours par seconde, des robinets industriels ou d'arrosage de jardins, a été
évaluée à. 7ˡ 00ᶜ

Celle des trois fontaines monumentales, à. . 12ˡ 00ᶜ

Celle des bornes-fontaines, au nombre de 35,
à raison d'un tiers de litre par borne, à. . . . 11ˡ 66ᶜ

Enfin, la consommation des robinets d'arrosage des rues, dont le nombre s'élève à 60, à. 3ˡ 34ᶜ

Total, ci. 40ˡ 00ᶜ

La masse d'eau à distribuer étant de 50 litres par seconde, il reste 10 litres pour faire face aux exigences de l'avenir. Cet excédant, et le volume réservé pour les services particuliers, non employé, serviront provisoirement à grossir le débit des fontaines monumentales et à faire de fréquentes chasses d'eau vive dans les égoûts de la ville.

C'est d'après ces bases et la position des bouches de sortie affectées aux services publics, que nous avons calculé les diamètres des diverses conduites.

Réseau de conduites.

Le réseau de conduites projeté est disposé de manière à desservir tous les points de la cité ; et afin que l'eau ne puisse être chauffée par la haute température, la profondeur des tranchées dans lesquelles les tuyaux seront posés, est fixée à 1^m 50.

Ce réseau se compose de deux artères principales, prenant leur origine à la cuve, ou récipient de distribution, projetées dans le bâtiment hydrométrique. Chacune de ces conduites a 30 centim. de diamètre à ce point, et leur calibre diminue au fur et à mesure de l'augmentation du volume d'eau dont elles se déchargent dans leur trajet. Nous appellerons ces deux artères, une conduite orientale et l'autre occidentale.

Les deux conduites sont placées dans la même tranchée, depuis le récipient de distribution, jusques au pont de Brassac. A ce point elles se divisent, et la conduite occidentale passe par la rue Reclusane et Sœur-Audonée, la place du Mail, la porte Narbonnaise, la rue de Villegoudou, le Pont-Neuf, suit la rue des Ormeaux, de l'Evêché et les Lices, et va aboutir, à l'Albinque, au ruisseau du Gazel, passant la ville en galerie.

La conduite orientale continue son trajet par la route de Brassac, traverse la place de Fusiés, passe dans la rue de ce nom, sur le Pont-Vieux, le quai Tourcaudière, la place Impériale, suit la rue Droite, la Grand'Rue, la rue Sabbaterie et la rue de l'Albinque, et va également aboutir au ruisseau du Gazel, à l'extrémité inférieure de cette rue.

Ces deux artères reçoivent, dans leur trajet, 23 branchements, et les branchements dix sous-branchements, de telle sorte que les lignes de conduite projetées sont au nombre de 35. Elles sont toutes prévues en tuyaux de fonte de fer, qui seront soumis avant leur pose à une pression de dix atmosphères, charge six fois plus forte que celle qu'ils ont à supporter, et assemblés à emboîtement. Ce mode d'assemblage a été préféré à tout autre, vu qu'il se prête au mouvement des terres et qu'il évite les ruptures qui se produisent d'ordinaire dans les tuyaux assemblés à brides.

Sur tous les points où les deux conduites principales reçoivent plus d'un branchement, une cuve en fonte a été projetée.

Dans le but de rendre facile la vérification des conduites et les réparations qu'elles pourront exiger, nous aurions désiré placer toutes celles de calibre supérieur dans des galeries. Mais nous avons dû renoncer à cette idée en présence de la forte dépense que les galeries auraient entraînée ; et, par d'autres dispositions, nous avons suppléé le plus possible aux garanties qu'offrait leur établissement.

Nous avons divisé la ville en 14 zônes et disposé la canalisation de telle manière que les dégradations puissent être facilement réparées, sans jamais laisser plus d'une de ces zônes en souffrance. A cet effet, nous avons placé un robinet d'arrêt et un robinet de décharge sur les conduites principales à la limite de chaque zône, et nous avons relié les deux artères sur quatre points différents, à peu près également espacés par des conduites secondaires de 12 centim. de diamètre. De plus, un regard d'un mètre de côté, recouvert d'une pierre en granit posée au niveau du terrain, présentant une ouverture circulaire de 60 centim. de diamètre, fermée par une trappe en fonte, a été placé sur chacun de ces robinets, sur tous les branchements et sous-branchements qui sont munis d'un robinet d'arrêt et de décharge, et à l'extrémité aval de toutes les conduites sans exception, où doit être placé un robinet de décharge. Chacun de ces regards, au nombre de 52, a un aqueduc de fuite pour l'évacuation des eaux.

Il est admis que des dégradations ne se produiront jamais au même moment sur les deux conduites principales ; et dans cette hypothèse, très-vraisemblable d'ailleurs, si une de ces deux conduites a besoin de réparer , on fermera les deux robinets d'arrêt qui se trouveront à droite et à gauche du point dégradé ; et durant la réparation, il n'y aura que la zône correspondant à la partie de conduite comprise entre ces deux robinets qui sera privée d'eau. Les parties restantes de cette conduite, situées en amont et en aval de la partie interceptée, seront affluées par les conduites secondaires aboutissant à l'autre conduite principale, et aucune interruption ne se fera sentir dans le service des autres zônes. Si la dégradation se trouve sur une conduite d'embranchement, l'écoulement sera seulement interrompu dans cette conduite à l'aide du robinet d'arrêt placé à son origine, et la partie de ville privée d'eau sera encore plus restreinte.

Les combinaisons qui viennent d'être décrites assurent donc à la cité un service permanent. Seulement, il se fera sentir une diminution dans le débit pendant les réparations, que l'on compensera en réduisant momentanément la dépense des fontaines monumentales.

Indépendamment des robinets d'arrêt et de décharge, il a été prévu, sur le réseau de conduites, 4 robinets de chasse, 52 robinets à air et 5 ventouses.

Les robinets de chasse sont projetés sur les conduites principales, un à l'extrémité rive gauche du Pont-Neuf, un à l'extrémité rive droite du Pont-Vieux, et les deux autres à la fin des deux conduites précitées. Les deux premiers jetteront leur eau directement dans la rivière d'Agoût, et les deux autres la verseront dans le ruisseau du Gazel. Ces robinets et ceux placés à l'extrémité aval des autres conduites sont destinés à produire de fortes chasses pour le nettoiement des tuyaux, toutes les fois que le besoin s'en fera sentir.

Les robinets à air sont placés un dans chaque regard à établir, et ont pour objet d'assurer le dégagement de l'air renfermé dans les conduites au moment de leur mise en charge. Ils seront fermés aussitôt que l'eau se déversera par leur bouche.

Les 5 ventouses sont projetées sur les 5 points culminants que présentent les rues de la cité, situés près de la porte de l'église Saint-Benoît, dans la rue du Pont-Neuf, près de l'église de la Platé, dans la rue Henri IV et dans la rue Sabbaterie, près de la maison Ferran.

Ces appareils ont pour objet d'empêcher la cumulation de l'air, se dégageant de l'eau traînée par les conduites, qui pourrait se faire sur ces points, et gêner considérablement le débit.

Enfin, 300 robinets de jauge seront posés sur les diverses lignes de conduite pour les services particuliers. Ces robinets auront quatre bouches, afin qu'ils puissent recevoir quatre tuyaux de concession.

Débit des conduites et altitude à laquelle l'eau s'élèvera dans la ville.

La perte de charge admise dans la détermination du diamètre des tuyaux est comprise entre 1 et 6 millim. par mètre courant de conduite, il a fallu faire varier la perte entre ces deux limites pour éviter la multiplicité des diamètres. De plus, la dénivellation que produiront les robinets régulateurs à établir immédiatement en aval du bassin de réserve, a été fixée à 30 centim.

Le diamètre de chaque conduite a été calculé d'après la quantité d'eau attribuée au quartier qu'elle avait à desservir, et d'après les conditions qui viennent d'être énoncées. Ces calculs nous ont amenés à adopter pour diamètres intérieurs des tuyaux, les dimensions suivantes :

Pour les deux conduites principales, 30 25, 20 et 15 centim, et pour les conduites secondaires, 12 10, 8 et 6 centim.

Avec ces diamètres et la perte de charge adoptée, les conduites peuvent toutes débiter un volume supérieur à celui admis pour le service de chaque quartier, calculé en prévision des besoins futurs, comme le démontre le tableau joint au devis et au plan de la ville.

Chaque conduite principale, par exemple, peut débiter dans la partie prévue en tuyaux de 30 centim. de diamètre, 34 litres avec la perte de charge de 0^{m} 0012 (*) par

$$(*)\quad 21^{m}22 \times \sqrt{0{,}0012 \times 0^{m}30^{5} - 0^{m}0216 \times 0^{m}30^{2}} = 0^{m}034$$

mètre, ce qui donne un débit de 68 litres pour les deux branches, alors que le volume d'eau à distribuer est fixé à 50 litres par seconde. Toutes les autres conduites ont été calculées aussi d'après le volume de 68 litres. Celui à distribuer en réalité dans la ville a été ainsi augmenté d'un tiers en sus, pour compenser les retards que peuvent amener dans le mouvement de l'eau la résistance des bouches de sortie, l'irrégularité des parois des tuyaux et les ressauts de quelques joints. Il n'y avait pas lieu de tenir compte des coudes, des cuves ayant été prévues partout où le rayon de courbure se serait trouvé au-dessous de 10 mètres (*)

Quant à l'altitude à laquelle l'eau peut s'élever dans la ville, elle variera suivant l'éloignement du point où sera placée la bouche de sortie, mais elle ne descendra pas dans les limites de la cité au-dessous de 180^m 482 au-dessus du niveau de la mer, ou de 10^m 152 en contre-haut du seuil du portail de la cour de la Mairie, et en moyenne elle sera de 12^m 587 au-dessus de ce dernier point.

En effet, après l'établissement des barrages projetés sur la rivière d'Agoût et sur le ruisseau de Lignou, la

(*) D'après les expériences faites sur les conduits des fontaines de Toulouse, rapportées par M. d'Aubuisson, des ajutages dont la section n'était que le tiers de celle des tuyaux, n'ont pas changé le débit de la conduite. Une conduite de 5 centim. de diamètre et 424 mètres de longueur, a donné entièrement libre 0^m 00,172, sous une charge constante de 16^m 30. Avec la même charge et un ajutage conique de 3 centim. de diamètre, elle a donné le même débit. La dépense n'a commencé de décroître que lorsque la section de l'ajutage a été réduite au sixième de celle du tuyau. Ainsi il n'y a pas de diminution sensible dans le débit d'une conduite lorsque la vitesse, à la bouche de sortie, ne dépasse pas le quadruble de celle de l'eau dans la conduite. Or, la vitesse moyenne dans le réseau des conduites de la ville de Castres sera de 80 centim. par seconde environ, et celle des bouches de sortie de 3 mètres au plus. Ainsi la perte de charge qui sera due à la résistance des bouches sera presque insensible, et l'excédant de débit que nous avons supposé compensera largement cette déperdition, ainsi que celle que pourra amener l'imperfection des parois des tuyaux.

surface des eaux se trouvera dans le récipient à établir sur la rive gauche de ce dernier cours d'eau, à 20ᵐ 27 en contre-haut du repère précité. Retranchant de ce chiffre:

1° La pente du canal, égale à. 3ᵐ 20ᶜ

2° La perte de charge prévue pour le filtrage de l'eau, fixée à. 2ᵐ 00ᶜ

3° La dénivellation qui sera produite par les robinets régulateurs placés dans le bâtiment hydrométrique, comptée à. 0ᵐ 30ᶜ

4° La perte de charge dans la ville, égale sur le point moyen dans l'intérieur de la cité, ci. . 2ᵐ 183ᶜ

En totalité, ci. 7ᵐ 683ᶜ

Il reste donc pour la hauteur disponible, 12ᵐ 587.

D'un autre côté, et comme l'indiquent les cotes de hauteur placées entre parenthèses dans le plan sur le point le plus haut de la ville, l'altitude à laquelle l'eau s'élèvera sera de 7ᵐ 089 au-dessus du pavé.

Ainsi le réseau de conduites projeté, tout en permettant de distribuer à la cité un volume dépassant celui de 50 litres par seconde, garantit une altitude qui permet de faire couler l'eau à tout étage.

Fontaines monumentales.

Les fontaines monumentales n'ont pas été comprises dans le projet. Il n'a été prévu que les ouvrages à faire pour amener l'eau sur les points où elles doivent être établies.

Les monuments proprement dits feront l'objet d'un projet séparé.

La quantité d'eau réservée pour leur écoulement est de 12 litres par seconde. Comme nous l'avons déjà dit, ce débit est très suffisant, car il suppose 4 litres par fontaine, en admettant qu'il soit également réparti sur les trois que la ville se propose de construire. Cette masse d'eau représente, pour chaque fontaine, la dépense de 12 bornes-fontaines à jet continu. Les fontaines monu-

mentales de Toulouse consomment tout au plus le tiers
de ce volume ; celles de Castres seront donc richement
dotées avec la quantité d'eau qui leur est attribuée.

Bornes-fontaines.

Les bornes-fontaines sont toutes prévues à jet continu ;
mais il sera facile à la ville de mettre à jet intermittent
toutes celles qui lui paraîtront devoir comporter cette
modification. Dans l'un et l'autre cas, l'eau en tombant
de ces fontaines s'écoulera dans l'égoût le plus voisin,
afin qu'elle ne parcoure pas la voie publique sur de fortes
distances. La masse débitée serait en effet insuffisante
pour entraîner les boues et autres immondices, et elle
entretiendrait une humidité constante dans les rues sans
les rendre plus propres. Des robinets à gros calibre ont
été d'ailleurs prévus pour l'arrosage et le lavage de tous
les quartiers. La dépense de chaque borne-fontaine est
évaluée à 1\3 de litre par seconde pour les besoins usuels,
débit généralement admis pour les fontaines de ce genre.
Il a été ainsi fixé dans plusieurs villes ; à Toulouse il est
même inférieur à ce chiffre. Il a été réglé à un pouce par
seconde, et cette unité de mesure ne représente pas tout
à fait un quart de litre.

Au reste, avec le débit d'un tiers de litre, les 35 bornes-
fontaines projetées produiront 1,008,000 litres d'eau par
24 heures, volume qui correspond à 72 litres par jour et
par habitant. Il n'y a donc pas à douter que le nombre des
bornes-fontaines et la masse d'eau qu'elles fourniront,
ne suffisent pour les besoins de la ville.

Mais en vue des cas d'incendie il était essentiel que ces
fontaines fussent susceptibles d'un débit plus considérable, et l'appareil modérateur et le tuyau alimentaire
ont été disposés de manière que leur dépense puisse s'é-
lever à 2 litres 1\2 par seconde. Cette masse d'eau dépasse
celle dépensée par une pompe d'incendie, et avec une
borne-fontaine on pourra aisément desservir une de ces
pompes.

*Robinets pour l'arrosage, le nettoiement des rues et le
service des incendies.*

A part les fontaines, le projet a prévu des robinets à
jet intermittent pour l'arrosage, le lavage des rues et le
service des incendies. Ils sont placés chacun dans une
borne en fonte, ayant une petite porte en fer pour servir
à leur manœuvre. Le diamètre de ces robinets et celui du
tuyau alimentaire ont été fixés à 4 et 5 centimètres, afin
que le débit de chacune de ces bouches puisse aisément
s'élever à 5 litres par seconde sous la charge de 13 mètres
et être porté à 15 litres si les besoins le demandent.

Chaque robinet sera taillé en spirale à son extrémité,
afin qu'on puisse facilement y visser un tuyau d'incendie
et injecter directement l'eau sur les flammes sans le secours des pompes, car presque toujours la charge de
12^m 587 sera suffisante pour que le jet puisse s'élever à
la hauteur des parties embrasées du bâtiment atteint par
le sinistre (*). Ces robinets serviront, dans tous les cas,
à l'alimentation des pompes lorsque la disposition des
lieux ne permettra pas d'agir sans leur secours.

En ce qui regarde le lavage et l'arrosage des rues, la
dépense dont les robinets sont susceptibles permettra de
pratiquer ces opérations de la manière la plus complète.
Ils pourront être ouverts de trois en trois avec le débit
de 5 litres, aussi souvent qu'on le désirera, sans gêner
les autres services; et avec le produit de ces trois bouches, qui s'élèvera à 15 litres par seconde, on aura un
courant qui pourra entraîner toutes les saletés et produire
de très fortes chasses dans les égoûts.

Au surplus, la disposition de ces robinets permet de
tripler le débit, et ils pourront aisément satisfaire à
toutes les exigences.

(*) Pendant les incendies on pourra, au reste, suspendre le
filtrage de l'eau et augmenter immédiatement de 2 mètres la
charge dans la ville.

SERVICE PRIVÉ.

Robinets domestiques et d'arrosage de jardins.

Le service domestique sera à robinet libre et s'étendra à tout étage. Tout service à dépense limitée, et réglé par des robinets à petit calibre, aurait l'inconvénient de rendre l'eau mauvaise en lui laissant perdre sa fraîcheur par le séjour dans les réservoirs de ménage, ou d'amener le fréquent engorgement des ouvertures presque capillaires qu'il faudrait établir, surtout dans les bas étages, pour que le débit ne dépassât pas, dans les 24 heures, la quantité d'eau concédée.

Le système à robinet libre, qui n'oblige le consommateur qu'à porter la main sur le tournant de cet appareil pour prendre à la source commune toute l'eau que ses besoins exigent, est donc préférable à tout autre. Il est d'ailleurs le seul en usage dans presque toutes les villes qui concèdent de l'eau aux particuliers. Il est employé à Paris, Londres, Rugby, Glasgow, etc. Dans plusieurs de ces villes et dans celles de l'Angleterre surtout, où l'usage de l'eau y est singulièrement répandu, la généralité des maisons ont un robinet de cuisine; un pour le service des pièces supérieures, et bien souvent un troisième pour le bain; et quoique la dépense soit illimitée, les compagnies n'ont eu à se plaindre d'aucun abus dans la consommation. Personne n'est intéressé en effet à réduire l'alimentation commune en laissant couler les robinets sans nécessité, et on n'a pas à redouter ni le mauvais vouloir, ni l'incurie du consommateur.

Au surplus, la ville aura plusieurs moyens de prévenir le désordre dans l'usage de l'eau. Elle pourra, par exemple, interdire toute voie d'écoulement pour l'évacuation de l'eau tombant des robinets ménagers, et obliger ainsi le consommateur à placer sous le robinet un vase portatif pour recevoir l'eau qui se versera. La nécessité dans laquelle se trouvera le concessionnaire de vider ce vase lorsqu'il sera plein, l'obligera à fermer son robinet lorsqu'il aura soutiré l'eau nécessaire à ses besoins. Un autre moyen pourra être encore avantageusement employé pour contrôler l'usage des robinets ménagers. Lorsque le consommateur désirera supprimer le vase portatif, un tuyau de rejet perdant l'eau à l'égoût public, pourra être autorisé sans inconvénient, à la condition qu'il vienne se dégorger dans une cuvette placée à l'extérieur et à la hauteur du sol, dans une petite niche creusée dans le mur de la maison, fermée d'un treillis en fil de fer. L'eau inutilement versée par le robinet tombera dans la cuvette aux yeux du public, et tout abus pourra ainsi être aisément constaté.

Quant aux bouches concédées pour ornement ou arrosage de jardins, leur débit sera réglé par des robinets de jauge, dépensant dans l'unité de temps le volume convenu. Dans ce cas, la quantité d'eau à livrer aura toujours une certaine importance, et il ne pourra se produire d'engorgement à raison du trop petit calibre des robinets. Reste donc à examiner le taux auquel il convient de fixer la redevance des robinets ménagers.

En Angleterre, la taxe par robinet est subordonnée à la valeur locative; mais à Paris elle est uniforme; elle varie seulement selon la qualité de l'eau concédée. La taxe, par robinet, est de 75 francs pour l'eau d'Ourcq, et de 100 francs pour l'eau de Seine, d'Arcueil ou du Puits de Grenelle.

Selon nous, le mode en usage dans la métropole est préférable. Il est d'ailleurs plus rationnel et d'une application plus facile. Nous pensons donc qu'il y a lieu de fixer une taxe uniforme pour les maisons particulières et d'autres taxes pour les établissements publics. Le même taux par robinet peut, sans inconvénient, être appliqué autant à la maison de premier ordre qu'à l'habitation de l'ouvrier, puisque la première aura besoin de plusieurs becs, tandis qu'il suffira souvent d'un seul pour la seconde, et que la quotité différera dès lors suivant le nombre de robinets qui seront concédés à chaque maison; mais la même taxe ne saurait exister pour les hôtels, cafés, auberges, pensions, etc. Ici la consommation dépend de la population flottante qui séjourne dans ces établissements, et il est de toute équité de baser la cote d'après la quantité d'eau qu'ils devront dépenser.

Le prix de la concession établi pour Paris, étant trop fort pour notre localité, il convient de le réduire en tenant compte des considérations que nous venons de développer; et nous estimons que la redevance annuelle pour chaque robinet particulier, dont le débit est évalué à 200 litres par jour, doit être portée à 25 francs, et à 30, 40, 50 francs pour les établissements publics, suivant leur degré d'importance (*).

A de telles conditions l'eau reviendra à des prix si minimes, que bon nombre de familles, tout en se procurant l'agrément d'avoir un robinet dans leur maison, économiseront sur la dépense en eau qu'elles font actuellement.

Les familles aisées dépensent journellement quatre cruches d'eau en moyenne, contenant 50 litres environ, et payent 10 centimes ou 36 francs dans l'année; et la redevance à payer pour un robinet, en y comprenant le montant de l'intérêt de l'appareil, ne s'élèvera pas à plus de 28 francs. Ainsi avec une dépense moindre, le consommateur recevra 200 litres d'eau par 24 heures, toujours limpide, fraîche et salubre, en remplacement de 50 litres souvent trouble, continuellement surchargée de matières nuisibles et qu'on est obligé de soumettre à un filtrage pour la rendre potable.

En présence de ces avantages, il n'y a pas à douter que dans un temps très prochain la distribution ne s'étende à la plupart des habitations et que la presque totalité des 1,500 maisons qui composent la ville ou ses faubourgs, n'aient acquis des concessions.

(*) A notre avis, il y aurait encore lieu de réduire ces prix en faveur des maisons qui prendront plusieurs robinets ménagers. Le premier pourrait être, par exemple, taxé à 25 fr., le deuxième à 20 fr. et le troisième à 15 fr., et tous les autres à 10 fr. chacun.

Concessions industrielles.

Sur les 50 litres d'eau à livrer par seconde à la consommation, 7 litres ont été réservés pour les bains et les lavoirs publics, et autres industries diverses. Ce débit équivaut à 604^m 80 centièmes cubes par 24 heures et dépasse la dépense réelle que feront ces établissements.

A Paris, les lavoirs, au nombre de 102, exigent chacun 23 mètres cubes d'eau par jour. Chaque établissement de bains en consomme 16 mètres et les industries diverses 3^m 50.

Ainsi en admettant une dépense double, on trouve qu'avec les 604^m 80 on peut desservir 4 établissements de blanchissage, 5 établissements de bains et 37 industries diverses.

Ce nombre d'établissements dépasse le chiffre de ceux qu'on compte dans la ville, et avec la quantité d'eau affectée à ce service, on pourra sans peine pourvoir à l'alimentation de ceux qui pourront se créer. Au reste, il demeure 10 litres par seconde de disponibles dont la ville pourra disposer en faveur des concessions industrielles, si les besoins le réclament.

Quant au contrôle de la dépense de l'eau affectée aux concessions de cette espèce, il n'y aura aucun moyen de l'exercer d'une façon rigoureuse. Il faut, en effet, que l'industriel ait à sa disposition un robinet tel qu'il puisse obtenir dans peu de temps l'eau nécessaire à ses opérations, et, en pareil cas, on ne peut songer à établir des robinets régulateurs, pour limiter le débit. Mais la ville pourra faire visiter de temps à autre les établissements auxquels elle aura concédé des robinets et augmenter le taux de la redevance, s'il est reconnu que la quantité d'eau consommée dépasse celle fixée dans la concession.

Relativement au prix de cette eau et de celle livrée pour ornement ou arrosage de jardins, nous pensons qu'il convient de le fixer à dix cent. le mètre cube. A ce taux, l'eau ne coûtera au consommateur que le vingt-cinquième du prix qu'il paie aujourd'hui. Elle coûte, en effet, 0 fr. 25 c. l'hectolitre, et à 10 c. le mètre cube, l'hectolitre ne ressortira qu'à 1 c. Ce prix est si faible que tous les industriels, même ceux qui ont leurs établissements situés sur les bords de l'Agoût, seront intéressés à prendre des concessions, car le simple puisage en pleine rivière reviendrait à un prix plus élevé.

Canalisation souterraine.

La canalisation souterraine de la ville, quoique incomplète, laisse peu de quartiers en souffrance. La plupart des rues dans lesquelles des conduites d'eau sont projetées ont un égoût public, et il sera facile de faire écouler dans ces voies de drainage les eaux tombant des fontaines et des robinets de lavage des rues, et celles salies par les usages domestiques.

Par la création de la distribution d'eau, la ville aura réalisé la partie essentielle de son assainissement, et nul doute qu'elle ne le complète dans un temps très prochain en établissant deux égoûts principaux latéraux à l'Agoût, recevant tous les aqueducs de la cité, qui apporteront en aval de son rayon et en dehors de son atmosphère toutes les matières impures, les eaux de vidange et celles viciées par les établissements de toute nature, où ces eaux pourront être avantageusement livrées à l'agriculture. La rivière sera ainsi préservée de ces causes d'infection, qui rendent très malsaine la mauvaise odeur qui se fait si fortement sentir en été lorsqu'on s'approche du cours d'eau ou que l'on traverse les ponts établis dans la cité.

Prix de revient du litre d'eau, par seconde, comparé à celui payé par plusieurs villes déjà dotées de fontaines.

Comme l'établit le détail estimatif joint au projet, le montant des travaux est évalué à 662,442 fr. 80 c.; et avec les indemnités de terrain, la dépense s'élèvera à 680,000 francs. La quantité d'eau qui sera livrée à la consommation devant s'élever à 50 litres par seconde, elle reviendra à 13,600 francs le litre. Dans toutes les autres villes qui ont réalisé leur distribution d'eau, ce prix s'est élevé à un chiffre beaucoup plus fort. Le tableau suivant fait connaître la population de chaque ville, la dépense faite pour l'exécution des travaux, la quantité distribuée et le prix de revient du litre par seconde.

DÉSIGNATION des VILLES.	POPULATION agglo- mérée.	MONTANT des TRAVAUX.	QUANTITÉ D'EAU distribuée dans la ville.	PRIX de revient DU LITRE par seconde.
Bruxelles. .	250,000	6,600,000f	232l	28,448
Lyon. . . .	234,471	6,000,000	232	25.862
Bordeaux. .	131,927	4,200,000	255	16,470
Nantes. . .	100,000	950,000	70	13,571
Besançon. .	35,000	1,600,000	100	16,000
Dijon. . . .	25,271	1,250,000	70	17,857
Rodez. . .	10,000	505,000	20	25,250

Parmi les villes qui viennent d'être citées, Nantes est celle qui a établi ses fontaines aux conditions les moins onéreuses. Mais cette ville ne peut être prise pour terme de comparaison, car elle est desservie par des machines à vapeur ; et si elle a économisé dans les dépenses de premier établissement, elle a, en revanche, à payer journellement des frais d'exploitatiou qui font ressortir le prix de l'eau à un taux supérieur à celui payé par les autres localités.

Après Nantes, Besançon est la ville qui a relativement fait le moins de déboursés pour frais de construction. Le litre d'eau, par seconde, ne lui est ressorti qu'à 16,000 francs. Cette ville est desservie par dérivation, et comme pour celle de Castres, l'eau est amenée dans un acqueduc en maçonnerie et distribuée dans la cité par une canalisation en fonte.

La comparaison peut donc être exactement établie entre ces deux villes; et on voit qu'à Besançon, le prix de revient du litre d'eau, dépasse d'un cinquième environ celui qui sera payé par la ville de Castres.

D'un autre côté, si on calcule la moyenne des prix indiqués dans le tableau, on trouve qu'en général le litre d'eau, par seconde, revient à 20,494 fr.

La ville de Casres se trouve donc dans des conditions toutes privilégiées, puisqu'elle obtiendra son eau à un taux qni ne sera que les quatre cinquièmes de celui payé par la ville la plus favorisée, et les deux tiers du prix ordinaire.

Résumé et Conclusions.

La construction des fontaines est une des plus utiles et des plus urgentes améliorations que la ville de Castres ait à réaliser. La mauvaise qualité de l'eau qui sert à sa consommation, le dégoût qu'inspirent les matières immondes dont elle est journellement salie, les mauvaises odeurs qu'exhalent les égoûts pendant la haute température et l'insalubrité due à ces graves inconvénients, réclament le prompt établissement d'une distribution d'eau pure et salubre, et l'administration de la ville réalisera ce bienfait par l'exécution du projet qui lui est proposé. La création de cet établissement assurera à la cité une masse d'eau d'excellente qualité, suffisante pour tous ses services et les besoins possibles de l'avenir.

Sans doute, l'entreprise exige de fortes dépenses, mais elles ne sont pas au-dessus des ressources de la commune. Les concessions particulières donneront d'ailleurs, dans un temps peu éloigné, un produit considérable qui sera pour la ville une puissante branche de revenus et une compensation aux sacrifices qu'elle se sera imposés.

Ces considérations et l'esprit d'amélioration et de progrès des hommes placés à la tête de l'administration locale, ne permettent pas de douter de la prochaine exécution du projet.

La ville aura ainsi réalisé une œuvre essentiellement utile et procuré à sa population un bien-être depuis longtemps attendu.

Castres, le 1er août 1861.

OULMIÈRE.

Présenté par le Maire de la ville de Castres, soussigné.

Castres, le 10 août 1861.

ALQUIER-BOUFFARD.

RAPPORT

ADRESSÉ PAR

M. OULMIÈRE à *M. le Maire de la ville
de Castres*

LE 4 SEPTEMBRE 1861.

Monsieur le Maire,

A raison des doutes émis par quelques personnes sur
l'exactitude des jaugeages cités dans mon Mémoire, joint
au projet des fontaines publiques de la ville, vous m'avez
chargé de mesurer de nouveau le débit de la rivière d'A-
goût et celui du ruisseau de Lignon, au plus bas étiage,
en présence d'une Commission du conseil municipal.

J'ai procédé à ce jaugeage avec l'assistance de la Commission par vous désignée, et je viens vous rendre compte
du résultat de cette opération.

La rivière d'Agoût a été jaugée une première fois le
26 août dernier. L'opération a été effectuée immédiatement en amont du point où doit être établie la prise d'eau
des fontaines. Le jaugeage a été fait au flotteur. M. Coste,
membre de la Commission municipale, a tenu compte
des résultats sur un carnet séparé, et M. Plazolles, autre
membre de cette Commission, a constaté, à l'aide d'un
compteur, la vitesse des divers flotteurs qui ont été lan-
cés. La moyenne des observations faites pendant cinq
heures consécutives, a accusé un débit de 3,772 litres
par seconde.

J'ai exécuté un nouveau jaugeage sur l'Agoût, les 2 et 3 septembre suivant, avec le concours de M. Coste. Il a été fait immédiatement en amont de l'embouchure du ravin de Crabié, point où les bords de la rivière sont presque en ligne droite, parallèles et verticaux, et le courant à peu près uniforme. La section mouillée du cours d'eau a été soigneusement mesurée sur plusieurs points, et une échelle graduée a été établie sur un repère fixe placé dans la rivière. A l'aide de cette échelle, les variations du niveau de l'eau ont été observées d'heure en heure pendant 12 heures. La largeur de la rivière avait été divisée en cinq parties égales ; et, à chaque observation, la vitesse du courant a été mesurée à l'aide de cinq flotteurs jetés un sur chacune de ces parties.

Voici les résultats qui ont été obtenus :

Superficie moyenne de la section mouillée, le niveau de l'eau se trouvant à 08 centim. au-dessus du repère, 9^{m} 955.

Largeur moyenne de la rivière, 34 mètres.

Coefficient de réduction adopté, 80 centimètres.

Observations faites :

1° Hauteur d'eau sur le repère, 07 centimètres.

Vitesse moyenne du courant, par seconde, 227 millim.

D'où il suit qu'en représentant par D le débit, on a :

$$D = (9^{m} 955 - 34^{m} 00 \times 0^{m} 01) \times 0^{m} 227$$
$$\times 0^{m} 80 = \ldots \ldots \ldots \ldots \quad 1^{m} 746$$

2° Hauteur d'eau sur le repère. . 0^{m} 07

Vitesse moyenne. . . . . . . 0^{m} 227

$D =$ égale comme dessus, ci. . . . . . 1^{m} 746

3° Hauteur d'eau sur le repère. . 0^{m} 135

Vitesse moyenne. . . . . . . 0^{m} 384

$$D = (9^{m} 955 + 34^{m} 00 \times 0^{m} 055) \times 0^{m} 384$$
$$\times 0^{m} 80 = \ldots \ldots \ldots \ldots \quad 3^{m} 632$$

A reporter. . . . . 7^{m} 124

$$\text{Report.} \dots \dots \dots \quad 7^{\text{m}}\ 124$$

4° Hauteur d'eau sur le repère. . $0^{\text{m}}\ 275$

Vitesse moyenne. . . . . . . $0^{\text{m}}\ 500$

$D = (9^{\text{m}}\ 955 + 34^{\text{m}}\ 00 \times 0^{\text{m}}\ 195) \times 0^{\text{m}}\ 500$
$\times\ 0^{\text{m}}\ 80 = $ . . . . $6^{\text{m}}\ 634$

5° Hauteur d'eau sur le repère. . $0^{\text{m}}\ 247$

Vitesse moyenne. . . . . . . $0^{\text{m}}\ 476$

$D = (9^{\text{m}}\ 955 + 34^{\text{m}}\ 000 \times 0^{\text{m}}\ 167) \times 0^{\text{m}}\ 476$
$\times\ 0^{\text{m}}\ 80 = $ . . . . $5^{\text{m}}\ 953$

6° Hauteur d'eau sur le repère. . $0^{\text{m}}\ 150$

Vitesse moyenne. . . . . . . $0^{\text{m}}\ 400$

$D = (9^{\text{m}}\ 955 + 34^{\text{m}}\ 00 \times 0^{\text{m}}\ 07) \times 0^{\text{m}}\ 40$
$\times\ 0^{\text{m}}\ 80 = $ . . . . $3^{\text{m}}\ 947$

7° Hauteur d'eau sur le repère. . $0^{\text{m}}\ 087$

Vitesse moyenne. . . . . . . $0^{\text{m}}\ 294$

$D = (9^{\text{m}}\ 955 + 34^{\text{m}}\ 00 \times 0^{\text{m}}\ 007) \times 0^{\text{m}}\ 294$
$\times\ 0^{\text{m}}\ 80 = $ . . . . $2^{\text{m}}\ 397$

8° Hauteur d'eau sur le repère. . $0^{\text{m}}\ 220$

Vitesse moyenne. . . . . . . $0^{\text{m}}\ 471$

$D = (9^{\text{m}}\ 955 + 34^{\text{m}}\ 00 \times 0^{\text{m}}\ 14) \times 0^{\text{m}}\ 471$
$\times\ 0^{\text{m}}\ 80 = $ . . . . $5^{\text{m}}\ 545$

9° Hauteur d'eau sur le repère. . $0^{\text{m}}\ 020$

Vitesse moyenne. . . . . . . $0^{\text{m}}\ 206$

$D = (9^{\text{m}}\ 955 - 34^{\text{m}}\ 00 \times 0^{\text{m}}\ 06) \times 0^{\text{m}}\ 206$
$\times\ 0^{\text{m}}\ 80 = $ . . . . $1^{\text{m}}\ 304$

10° Hauteur d'eau sur le repère. . $0^{\text{m}}\ 047$

Vitesse moyenne. . . . . . . $0^{\text{m}}\ 276$

$D = (9^{\text{m}}\ 955 - 34^{\text{m}}\ 00 \times 0^{\text{m}}\ 033) \times 0^{\text{m}}\ 276$
$\times\ 0^{\text{m}}\ 80 = $ . . . . $1^{\text{m}}\ 950$

11° Hauteur d'eau sur le repère. . $0^{\text{m}}\ 085$

Vitesse moyenne observée. . . . $0^{\text{m}}\ 324$

$D = (9^{\text{m}}\ 955 + 34^{\text{m}}\ 00 \times 0^{\text{m}}\ 005) \times 0^{\text{m}}\ 324$
$\times\ 0^{\text{m}}\ 80 = $ . . . . $2^{\text{m}}\ 624$

12° Hauteur d'eau sur le repère. . $0^{\text{m}}\ 217$

Vitesse moyenne. . . . . . . $0^{\text{m}}\ 490$

$D = (9^{\text{m}}\ 955 + 34^{\text{m}}\ 00 \times 0^{\text{m}}\ 137) \times 0^{\text{m}}\ 490$
$\times\ 0^{\text{m}}\ 80 = $ . . . . $5^{\text{m}}\ 728$

$$\text{Total.} \dots \dots \dots \quad 43^{\text{m}}\ 206$$

Donc le débit moyen, par seconde, égale

$$\frac{43^{\text{m}}\ 206}{12} = 3^{\text{m}}\ 600$$

Par cette série d'expériences, le volume d'eau traîné par la rivière pendant les ondées produites par les éclusées des usines et durant le temps que le travail de ces établissements demeure suspendu a été exactement constaté, et on ne saurait contester que les 3,600 litres par seconde que donne la moyenne des 12 jaugeages ne représentent le débit réel de la rivière au plus bas étiage. Ce chiffre est un peu inférieur à celui trouvé le 26 août dernier ; mais cette légère différence s'explique par la durée de la sècheresse.

Les résultats qui viennent d'être cités démontrent l'exactitude des jaugeages effectués sur l'Agoût en 1849, qui avaient accusé un débit de 3,626 litres.

Quant au ruisseau de Lignon, je n'ai pu le jauger en ce moment par les procédés ordinaires, le moulin des Pradelles emmagasinant l'eau 22 heures sur 24, et le ruisseau, en amont du moulin, coulant sur des escarpements de rocher qui ne permettent pas de faire un mesurage dans de bonnes conditions. Mais pour me rendre un compte aussi exact que possible du volumé d'eau débité par ce ruisseau, je me suis rendu au moulin. J'ai mesuré sa chute supérieure. Sa hauteur est de 3 mètres ; et, d'après ce qui m'a été dit par le meunier, la meule placée sur cette chute donne deux hectolitres de mouture à l'heure et travaille deux heures par jour à peu près.

Or, d'après les expériences citées par M. d'Aubuisson dans son ouvrage sur la *Science hydraulique*, la mouture d'un hectolitre de grains, à l'heure, représente un travail de 3 chevaux-vapeur. D'un autre côté, l'effet utile d'un rouet isolé dans le genre de ceux qui sont établis au moulin des Pradelles, est estimé aux $0^m 25$ de la force absolue.

Conséquemment, l'eau dépensée par seconde par la meule dont il vient d'être parlé, égale 6 ch. $\dfrac{\times 75 \times 4}{3} = 0^m 600$,

et puisque le moulin ne travaille que 2 heures sur 24, le débit du ruisseau, par seconde, égale $\dfrac{600^l}{12} = 50$ litres.

Ajoutant à ce chiffre l'eau qui passe à travers les vannes durant le chômage du moulin, que nous avons évaluée à

4 litres, on a pour le débit total du cours d'eau, 54 litres par seconde.

L'étiage de ce ruisseau est descendu beaucoup plus bas que celui de l'Agoût, puisqu'il n'est que la moitié de celui que j'avais constaté en 1858. Mais il n'y a là rien d'étonnant, les fortes sécheresses ayant beaucoup plus d'influence sur les petits cours d'eau que sur les grands.

L'état actuel du Lignon démontre que ce ruisseau n'offre pas, au bas étiage, des ressources suffisantes pour assurer continuellement à la ville la quantité d'eau qu'elle se propose de distribuer; car, à cause du petit volume qu'il traîne pendant cette saison, le moulin est obligé de travailler par éclusées, et l'intermittence de son écoulement contrarierait considérablement le service. Mais je n'ai jamais compté sur ce ruisseau pour l'entière alimentation des fontaines. La prise d'eau projetée sur ce cours d'eau a principalement pour objet d'éviter l'introduction d'une eau trouble dans l'aqueduc de dérivation. Comme je l'ai dit dans mon Mémoire, les eaux du Lignon roulant sur des bancs de rocher reprennent leur entière transparence de suite après les averses; et en ayant la faculté d'alimenter la ville soit avec l'Agoût, soit avec le ruisseau de Lignon, on aura des eaux presque toujours claires, car lorsque, à la suite des fortes pluies, celles de l'Agoût se trouveront troubles, le ruisseau de Lignon sera assez fort pour l'entière alimentation; et lorsque ce ruisseau sera insuffisant, l'eau de l'Agoût sera entièrement limpide.

Rien ne vient donc contrarier les dispositions adoptées dans le projet; et, comme je l'ai avancé dans mon Mémoire, la ville peut prendre les 50 litres d'eau par seconde qu'elle se propose de dériver, sans diminuer en rien l'importance des usines situées en aval, puisque ce volume ne sera que la soixante-douzième partie de celui que traînera la rivière dans les circonstances les plus défavorables.

OULMIÈRE.

TABLE DES MATIÈRES.

ERRATUM.

A la 50e page, 2e alinéa, 11e ligne, au lieu de : *Il diminuera le débit*, il faut lire : *Il introduira une plus
grande quantité d'eau dans le filtre.*

9 782329 695464